本书是 2020 年度湖南省哲学社会科学基金基地项目——"中国的体育话语体系构建及其话语权提升研究"（20JD025）的最终研究成果，是 2021 年湖南省教育厅科学研究项目——"中国国际体育话语权强化路径研究"（21C0403）的阶段性研究成果。

SHILI TISHENG YU HUAYU TUWEI ZHI SI:
ZHONGGUO JINGJI TIYU FAZHAN YANJIU

实力提升与话语突围之思：
中国竞技体育发展研究

方媛 著

U0738136

中国纺织出版社有限公司

内 容 提 要

竞技体育是展示我国科技、经济、文化发展成就的重要窗口，在提高我国国际声望与国际地位、激发民族凝聚力、促进经济发展与社会进步等方面发挥着重大作用。中华人民共和国成立以来，我国竞技体育在国际大赛上取得了一系列的辉煌成绩，在国际竞技体育舞台上占据着越来越重要的位置。基于这一背景，本书将对我国竞技体育发展的历程与经验展开研究，随后围绕现阶段我国竞技体育发展状况，进一步探讨我国竞技体育的可持续发展策略，并在此基础上分析我国的体育话语权的变化与提升。本书的研究致力于提高我国体育的整体实力，以期能为巩固和提升我国的体育话语权有所贡献。

图书在版编目（CIP）数据

实力提升与话语突围之思：中国竞技体育发展研究 / 方媛著. -- 北京：中国纺织出版社有限公司，2022.8
ISBN 978-7-5180-9820-0

Ⅰ．①实… Ⅱ．①方… Ⅲ．①竞技体育－发展－研究－中国 Ⅳ．① G812

中国版本图书馆 CIP 数据核字 (2022) 第159640号

责任编辑：刘桐妍　　责任校对：高 涵　　责任印制：王艳丽

中国纺织出版社有限公司出版发行
地址：北京市朝阳区百子湾东里 A407 号楼　邮政编码：100124
销售电话：010—67004422　传真：010—87155801
http://www.c-textilep.com
中国纺织出版社天猫旗舰店
官方微博 http://weibo.com/2119887771
三河市延风印装有限公司印刷　　各地新华书店经销
2022 年 8 月第 1 版第 1 次印刷
开本：710×1000　1/16　印张：11
字数：209 千字　定价：89.90 元

凡购本书，如有缺页、倒页、脱页，由本社图书营销中心调换

前　言

　　随着物质生活水平的不断提升，人们越发注重自身的健康，同时也对充满活力与激情的竞技体育活动与赛事投入了极大的关注。

　　竞技体育是具有竞赛特点和较高技术要求的运动项目的统称，田径、赛艇、羽毛球、垒球、篮球、足球、拳击、皮划艇、自行车、击剑、体操、举重、手球、曲棍球、柔道等运动项目都属于竞技体育。它可以在最大程度上锻炼人的身体，培养人的勇气与毅力。由此可见，竞技体育具有十分重要的作用。

　　本书共六章。第一章绪论主要介绍竞技体育的概念、特点与价值体现等，为后文对竞技体育的深入探讨奠定基础。第二章研究中国竞技体育早期至 21 世纪以来的发展历程，简明扼要地概括了中国各阶段竞技体育的特色。第三章阐述了美国、德国、日本等发达国家竞技体育的发展方式。第四章着眼于我国竞技体育发展状况，先由整体的维度探讨了如今竞技体育的发展情况，然后分析了我国竞技体育发展面临的机遇与挑战。第五章探讨了新时期我国竞技体育发展的策略，主要针对竞技体育的体制、人才培养、动态链管理等方面，力求有效地健全、完善我国的竞技体育。第六章通过分析竞技体育的发展走向及其存在的问题，并有针对性地探索相关策略，以提升我国竞技体育的国际话语权。

　　本书主要有以下几个鲜明的特点。首先，扣住了社会的热点。近年来，竞技体育随着各种体育赛事的开展已经成为十分热门的领域，竞技体育比赛也成了人们茶余饭后谈论的热点。本书以竞技体育为核心展开探讨，与社会热点问题紧密联系。其次，具有一定的指导意义。竞技体育是体育领域不可或缺的一部分，受到了大众热烈的关注，并且竞技体育的强弱直接关系到国家的荣誉。本书从各个维度对竞技体育展开全面探索，能够在一定程度上指导竞技体育科学的发展。最后，本书具有一定的可读性，主要表现为本书具有丰富的内容、严谨的结构、生动简洁的语言，能够让读者阅读后产生充实的感受。

本书以竞技体育为核心，对竞技体育的基本知识、发展历史、国外竞技体育的发展经验、我国竞技体育的发展情况、发展策略以及体育话语权提升等内容展开了深入探究和分析，期望能够对竞技体育有一定的解释力，从而在一定程度上促进竞技体育的发展。

在本书的撰写过程中，笔者参阅了很多国内外著作、文献资料，而且得到了一些朋友和同事的帮助，在此表示衷心的感谢。由于笔者水平有限，书中难免存在不足之处，恳请同行专家与广大读者批评指正，提出宝贵的意见。

作者

2022 年 3 月

目 录

第一章

绪　论

竞技体育是具有竞赛特点和较高技术要求的运动项目的统称，在当今社会受到了强烈的关注，越来越多的人热衷投身于竞技体育中，以此达到强身健体、培养意志的目的。本章对竞技体育的概念、特点、价值体现展开了全面的探讨，为后面章节对竞技体育的深入研究奠定基础。

第一节　竞技体育的概念

一、竞技体育概念的众家之谈

我国提出"竞技体育"的概念是在 20 世纪 70 年代末。1979 年 2 月 23 日，《体育报》刊载了北京体育学院谷世权、过家兴的文章《体育是一门综合科学》。文中分析了体育的起源和发展的诸多因素，提出了将体育划分为"大众体育""竞技体育"的思想，并明确指出，竞技体育是研究如何加强运动训练的科学性，探索运动训练的客观规律，不断提高各项运动技术水平和成绩，以攀登世界运动技术高峰，创造世界纪录，夺取比赛优胜的一个体育分支。1979 年 6 月 20 日，《体育报》刊载了金禾的文章《关于"Sport"的概念》，也提出将"Sport"译为"竞技体育"。由此开始，几十年来，讨论、探索体育与竞技体育的本质属性、概念、分类等的学术研究方兴未艾，在各种意见不断涌现的局面中，体育基础理论的研究范畴获得了明显的拓展，让人们对体育形成了更为深刻的认知。

我国关于竞技体育或竞技运动具有代表性的定义主要有以下几种。

①竞技体育是为了最大限度地发挥个人或集体的运动能力，争取优异成绩而进行的运动训练和竞赛。

②竞技体育是在全面发展身体、最大限度地挖掘和发挥人在体力、心理、智力等方面潜力的基础上，以提高运动技术水平和创造优异运动成绩为主要目的的一种活动过程。

③竞技体育是运动者依赖一定的物质条件，采用某种运动方法进行身体活

动的过程。

④ 竞技体育是指在全面发展身体、最大限度地挖掘和发挥人（个体或群体）的体力、心理、智力等方面潜力的基础上，以攀登运动技术的高峰和创造优异运动成绩为主要目的的一种活动。

⑤ 竞技运动是指为了最大限度地发挥和提高人体在体格、身体能力、心理和运动能力等方面的潜力，以取得优异运动成绩为目的而进行的科学的、系统的训练和竞赛。

⑥ 竞技运动是以比赛娱乐和发挥体力为主要特征的一项活动。在支配比赛行动规则的约束下，以发挥个人或身体在体格、体能、心理和运动能力等方面的最大潜力，为取得优异成绩所进行的活动，称为竞技运动。

⑦ 竞技运动是为了最大限度地发挥个人和集体在体格、体能、心理和运动能力等方面的潜力，取得优异运动成绩而进行的科学、系统的训练和竞赛。

二、竞技体育概念的分析

在全面、深入分析上述竞技体育的概念以后能够发现，竞技体育和竞技运动并不是同一个概念，后者只是实现前者的方式，两者间的层次不同。竞技体育是体育的一个特定领域；而竞技运动则较为频繁地用于概括发生在运动场上的某类活动。随着科技的发展与经济的繁荣，大众的价值观念出现了快速的改变，其精神需求的层次不断提升。作为体育手段，竞技运动与非竞技运动相比有着十分显著的优越性。竞技运动让人们活跃在强劲的竞争里，生理需要得到了充分满足，另外，充分运用自身身体进行艺术创造并表现某种惊人能力的成果，也会让人得到十分显著的自我成就感。所以，竞技运动是生理需求和精神享受的双重需求。竞技体育作为体育的一种手段，是由于体育目的而形成与发展起来的，而且成为体育里凝聚无限活动的表现样式，在其发展历程里表现出鲜明的竞争性，实现了体育的分化，以奥林匹克运动为代表的现代竞技体育，已成为当代人类生活中规模巨大的一种文化现象。同时，竞技体育实际上是学校体育和大众体育的重要组成部分，发挥着教育人、推动健康的积极作用。若是把竞技体育从学校体育与大众体育里分割而出，这两者便不完整了。因而，竞技体育所彰显和突出的是体育活动里的竞技和竞争因素，且凭借着该因素的开拓与深化实现竞技作用的加深，让主体较为深刻地认知到竞技的意义，并与其他体育形式彼此配合，最后达成体育的目标。所以，使用竞技体育这样的称谓可以比较清晰地反映和突出体育中的竞技活动现象。

通过对目前关于竞技体育或竞技运动的定义进行归纳分析，能够对竞技体育的概念产生清晰的认识。

①竞技体育或竞技运动是一种活动过程。这种过程建立在全面发展身体、最大限度地挖掘和发挥人的体力、心理、智力等方面，其目的是取得优异成绩。定义竞技体育或竞技运动是一个活动过程，其目的是取得优异成绩，无疑是正确的。因为竞技体育或竞技运动本身所表现的就是人的一种专门活动，它具有自身的连续性和过程性，目的也是获得胜利。但是，以全面发展身体、最大限度地挖掘和发挥人在体力、心理、智力等方面潜力作为概念，其内涵性表述似乎过于宽泛，因为上述这些只是竞技体育中的下属内容。

②竞技运动就是训练和竞赛。将竞技体育局限在一个较窄的范围内，将内容和手段作为目的。

③竞技体育必须具备一定的物质条件。

概念要反映事物的内涵，内涵是事物质的方面，它表明概念反映什么样（什么性质）的事物。从对竞技体育的本质属性的分析出发，根据主体性研究的基本思路，有关专家对竞技体育做出如下操作性定义：竞技体育是指在开展体育活动的主体之间，使用公开的、大众认同的手段与规范，凭借着彼此间身体运动能力的比较所开展的挑战自我、突破自我的社会性竞争活动。该操作性定义涵盖了下列几个层面的含义：竞技体育是一种竞争活动，竞争的本质属于一种社会关系，是人们之间既相互冲突又相互合作的关系。竞争是由竞争者、竞争场与竞争目标三个元素构成的。竞争是一种广泛存在着的社会现象，人们生活的不同领域都具备竞争，如经济竞争、政治竞争、文化竞争、科技竞争、宗教竞争、新闻竞争、体育竞争等。在各个领域的不同层次也同样存在着竞争。从竞技体育的领域来看，竞争是其本质特征所在。然而，竞技体育开展的竞争具备自己鲜明的特征，这些特征表现在下列几个层面。

第一，竞技体育的竞争是一种公开方式的竞争，以竞争者为了竞争目标而在公开的竞争场所进行竞争活动为基本形式。

第二，竞技体育的竞争是一种规范竞争，具备竞争者强烈认同的、十分庄严的规范要求，如果竞争者违背了这些规范，也许会失去竞争的权利。

第三，竞技体育是最大限度地发挥人体的运动技术、体力、智力与心理水平的活动。因此，竞技体育的竞争内容首先集中在人体的专门运动能力上，凭借着竞争活动实现对比优劣、不断突破的目标。

第四，竞技体育所追求的公平竞争是人类理想的竞争方式。竞技体育活动的发展向着摒弃对任何人、任何民族的偏见和歧视，不再考虑出身、地位、权力、力量、种族和性别，且让人人真正享有平等竞争权的方向努力。这是历史前进的必然。

第五，竞技体育是体育活动。体育活动包含的内容和形式非常丰富，且在社会生活条件越发优越、文化环境更改的背景下不断走向完善。由形式的层面分析，体育分类层次越来越细化，因不同的生活方式而发展的体育也已具有了不同层次的需求者及相应的形式，运动健身、休闲体育、娱乐体育、体育教育、竞技体育都是体育的基本形式，并且它们之间具有十分紧密的关联。如果认为竞技体育仅是职业化活动而不将其置于体育的范畴中，不但制约了体育的内容构成，而且也会使体育的一个关键属性被剥离。

第六，竞技体育是主体间的活动。作为主体的人是在竞技体育活动这个特定的范畴内，以主体间的相互比较和竞争来表现自己的主体性的。如果主体缺乏确切的比较对象或对手，那么形成竞技体育活动的难度便较大。❶

第二节 竞技体育的特点

一、极强的科技含量和观赏性

现代竞技体育有严格的规则制约，要在平等、公开的条件下进行，各国投入的人力、物力巨大，顶尖成绩非常接近，科技含量很高。在人体运动科学范畴、服装器械装备领域、训练手段方法、饮食营养的科学管理等各个与提高成绩相关的环节，均包含着高科技成分。现代奥运会不仅是运动员间意志品质的竞争，而且更是各国体育科技实力的较量，没有高科技支撑，很难在奥运会场上夺魁。在竞赛活动中，运动员表现出健美的体魄、无穷的力量、精美的技艺、顽强的拼搏

---

❶ 黄荔生：《竞技体育论》，辽宁大学出版社，2008，第17页。

精神，对观众来说犹如在欣赏一场优美而富有魅力的艺术表演，可以使其从紧张的工作和生活中解脱出来，获得一种独特的轻松感和美的享受。因而，观赏比赛成为广大群众消磨时间最好的方式之一。竞技体育以其独特的观赏性赢得了广大群众的认可和支持，奠定了其自身发展的坚实基础。

二、主体比较性

竞技体育是人的一种以专门性身体活动为主的社会文化形式，它的突出特征是主体比较性。

（一）竞技体育中人的主体性

这种主体性是在竞技体育的发展过程中萌发、渐显和明确的，从历史上看大体经历了以下几个阶段。

在原始狩猎时期，人类和自然界出现了最开始的分化，主客体间的分界并不明确，表现出一种十分含糊的状态，主体是彼此间具有血缘关系的人群，是自然型的自我。在该阶段，人的所有活动最为根本的价值在于使自身需求得到充分的满足。作为生产劳动主要形式的跑、跳、投、掷等技能也在一种模糊、散漫、朦胧的自我意识的支配下成为早期的教育形式，并具有了身体教育的萌芽。与此同时，在该阶段，在人体身心需求的激发下形成的"嬉戏"行为也属于朦胧主体意识的体现。另外，自然界中的很多现象在人类早期混沌型的意识里无法获得合理的解释，为了打消疑惑、获得科学的解释，在长期的发展过程中，以身体活动为主要形式的原始祭礼填补了早期人类的精神空白，主体以外的事物与主体意识是混沌地联系在一起的。

到了农业自然经济时代，人类开始把自己与动物和神进行比较，探求自身的规定性，尝试明确自身在宇宙中所处的位置与意义。此时的主体形式是以血缘宗法关系和等级制构成的人群集合体，个体的自我实现、行为导向都趋向于群体，人类所有的活动都旨在使其生存需求与安全需求获得满足，人类开始从自然型的自我向社会型的自我转变，较为明确地确立了自己的主体地位，人类的主体性获得了较为显著的发展。此时，从原始祭礼赛会发展而来的古代奥林匹克运动成为早期竞技体育的代表形式。尽管人凭借着主体身份参与到竞赛中，表现出一定的主体性，但这只是早期祭神活动运动会的想象与代入。并且其主体也体现了社会体制仍然是宙斯等级制度，仍然程度森严，只有具备纯希腊血统且没有接受过丝毫刑罚的自由希腊男子才可以参与到赛会里。这便将其他民族的人、奴隶与妇女统统排除在外，深刻地体现出竞技体育主体在该阶段的偏狭特性。

在人类社会进入工商品社会阶段后，人的本质力量出现了显著的拓展与提高，人对自然的征服获得了不菲的成绩。这时，个体的价值得到了越发强烈的关注，并且在强调主体意识的觉醒、超人思想、强者思想、自我主宰、自我创造等个体主体性的基础上逐渐占据了主导地位，人们开始寻求层次更高的需要，即发展的需要、享受的需要和自我实现的需要。同时，这一时期出现了主体与客体的严重对立，人要为自然立法，人和人之间存在着你死我活的竞争，人与自然、人与人之间出现了严重的异化现象。在这一阶段，以奥林匹克运动为典型代表的竞技体育明确地呈现出人们所追求的主体性特征。它强调通过公平的、公开的、具有教育意义的体育活动，服务于人的协调发展，在强化个体体质、意志与精神并让其充分发展的基础上，推动构建起一个维护人尊严的和谐社会。从以上竞技体育发展历程中可以看出，竞技体育的特点首先应该是人的主体性活动。

（二）竞技体育的比较性

竞技体育活动是人的主体性活动，强调了人的主体地位。竞技体育的突出表现是主体间的相互比较。在一定程度上可以这样认为，比较是竞技体育的存在方式。竞技体育的历史发展证明了这个问题。它是人的一种活动形式，这种活动以各种主体间的比较作为根本特征，以客观的时间、空间、数量和主观的分数等形式来评定效果和次序，区分出胜负优劣，激励人挑战极限、超越自我，最终实现生命价值的追求。试想，如果没有了主体间的这种比较，竞争将不复存在，竞技体育也就失去了存在的意义。

三、身体活动性

竞技体育是人类的一种活动，这种活动有着自身的特殊性。在现实世界中，活动是人存在的方式。人们通过各种活动来满足自己的各种需要，人所进行的活动是一种有目的的对象性活动，是一个由多种因素组成的相互作用的复杂的动态系统。竞技体育作为人的活动的一种形式，它的特殊之处就在于以身体的专门性活动为主要形式，这种专门性活动与其他活动的不同之处在于内容和目的，竞技体育的身体活动内容多取自生产或生活中的原型，经过选择、提炼和升华，一些身体活动成为人们共同认可和接受的社会文化内容。竞技体育的身体活动所具有的最突出之处是，最大限度地发挥人的体力、智力与心理能力，通过体育的目的促进人的全面发展，通过身体活动的形式发展人的身体，通过比较的形式发展人的竞争精神，通过规则的形式规范人的行为、发展人的道德。

四、规范性

竞赛规则是保证竞技体育开展公平竞争的法律性文件，是竞技体育不可分割的组成部分。竞赛规则的核心是对等，它不承认除身体、心理技术以外的任何的不平等。因此，在各个竞技体育项目的竞赛和相关的管理方面都制定了严格的规则和制度。这些规则要求参与者共同遵守，从而约束参与者比赛的规范性、裁判的公正性。另外，竞技体育的规范性还表现在对技术、战术和各种训练的规范上。因为现代竞技运动的发展要求运动员必须具有高度完美的技艺，否则就难以取得比赛的胜利。同时高度的技艺性又是通过对技术、战术和各种训练的不断规范而形成的。所以竞技体育严格的规范性是竞技体育区别于一般的游戏活动的又一特点。

五、社会承认性

社会承认性有两层含义：一是竞技体育的活动内容和形式获得社会的承认；二是竞技体育的比较结果获得社会的承认。

首先，竞技体育在其发展过程中一直是人们社会生活的一个组成部分，它萌发于人们生产劳动的进步，奠基于日常生活，丰富于宗教祭礼，发展于不同文化的交流。虽然在不同的地域、不同的历史时期，不同的人们有着不同的竞技体育活动内容和形式，但是由于竞技体育的内容和形式源于人们的社会生活，能够满足人们的社会生活需要，因此它在与人们形成价值关系的基础上，对于人们有着各种各样的价值效应。所以，竞技体育的活动内容和形式为人们所接受，也为社会所承认。

其次，竞技体育的比较结果获得社会的承认。竞技体育是社会文化的一个层面，人们参加竞技体育活动，接受其规则的制约，在公开和公正的平等比较条件下努力争取挑战极限和超越自我，取得胜利。由于竞技体育具有规则制约性、公开和公正性的特点，因而竞技体育的活动结果具有准确性和可接受性，在社会范围内获得承认。如果违背了规则与公正性的要求，其比较结果将不被社会承认。

一些运动员服用兴奋剂，违反了规则，因此他们虽然打破了世界纪录，却不被社会所承认。竞技体育的特点是随着社会的发展和进步而不断变化的，人们对于竞技体育特点的认识也是逐渐完善的。值得注意的是，在现代社会科学技术发展的影响下，竞技体育在形式上有两个方面的特殊变化：一是操纵机械类的比较形式增多，如 F-1 赛车、摩托艇等；二是出现了以人为主体同非人对象之间的比较，如卡斯帕罗夫与电脑"深蓝"的比较。但是从本质上分析，第一类变化是人在现代社会发展的情况下，随着工具的改进和生活方式的变化而产生的新的竞技比较形式，从根本上说还是主体人之间的比较。而第二类变化则要复杂一些，以后是否会出现新的变化还有待于进一步认识和研究。这些变化在内容上丰富了竞技体育，而比较仍是其根本的特征，并体现出竞技体育对人类社会不断发展的价值。❶

六、竞争公开、公正性

竞技体育之所以在现代社会成为广泛关注的社会文化现象，其原因之一就是竞技体育活动具有公开、公平竞争的特点。从公开竞争来看，竞技体育的发展，在内容体系上经历了一个"封闭型 — 区域型 — 扩散型 — 全球型"过程；在组织上则形成个体参与、群体参与、社会参与的方式；在表现上则以公开竞技作为特有形式。这种公开竞争包括许多具体的形式，从古代封闭型的各民族原始祭礼赛会到区域型古代奥林匹克运动会；从近代竞技运动项目以起源地为中心向周边及全球扩散，到现代奥林匹克运动的全球化，不同时期的竞技体育都以公开竞争的表现形式，推动了自身的不断发展和完善。随着现代化传播手段的日臻发达，现代竞技体育的这种公开性在面向全人类的目标上已经没有了滞后期。例如，卫星通信使现代奥林匹克运动会的各种竞赛活动几乎与之同步、无一例外地公开展现在世人的面前。无论是什么形式的竞技体育活动，其公开性都使竞技体育具有了一种透明度，表达了竞技体育对全社会成员的影响力和穿透力。

公平竞争是竞技体育的追求，公正性则是竞技体育实现公平并赖以存在的基本要素。公正性与规则的制约是密切联系在一起的，即规则的公开性是竞技体育公正表现的前提。公正的规则具有平等性、协调性、密切性和可操作性的特征，竞技体育的公正性就是这几个特征的集合。竞技体育体现公正性的特点，是因为

❶ 黄荔生：《竞技体育论》，辽宁大学出版社，2008，第22页。

竞技体育主体之间在比较时有许多外在的影响因素，需要以公正的、统一的规范和规则对不同竞技主体的活动进行肯定、限定或否定，从而在竞技体育中对于各主体的竞技行为和结果予以公正的、符合实际的评判和认定。●

七、集群性

竞技体育是由若干运动员组成的群体行为，必须有一定数量的运动员同时参与，才有可能组织竞赛活动。在集体运动项目中，这种集群性的特点表现得更为突出。个体在群体中都起到一定的作用，具有一定的功能；他们之间又有着紧密的联系，从而构成完整的竞技活动。竞技体育的集群性还表现在运动员或运动队与其他个人或集体的关系之中，如与教练员、科研人员、管理人员的关系，与裁判员、球迷和观众等各方面人员之间的关系。所以说，竞技体育是有很大的群落系统参与的社会行为。●

第三节　竞技体育的价值体现

一、竞技体育的价值结构

（一）竞技体育的价值结构层次分析

竞技体育在进行体育活动的主体之间，采用公开的、共同认可的方式和规范，使参与主体的运动技术、体力、智力与心理水准等得到最大程度的发挥，进行相互之间身体运动能力（包括智力）优劣的比较。竞技体育是人在相应的规范约束下，通过运动竞争的方式，充分运用自身的体能、智能与相应的工具，进行相互之间比较的一种社会活动。竞技体育伴随社会的发展与改革不断完善，由竞

● 刘铮，吴昊，魏彪，等：《竞技体育》，人民体育出版社，2006，第 34 页。
● 刘君雯：《竞技体育与科技前沿》，中国书籍出版社，2012，第 14 页。

技体育发展历程的维度来看，其在方式上历经了一条由竞技至规范竞技的长期发展路径，其内容和社会生产条件形成了十分紧密的关联，在空间上由区域扩展到全球。在不同的社会历史条件下，竞技体育呈现出迥异的形态，人们对其形成的认知也并不完全一致。在竞技体育实践的基础上，人们对竞技体育的认知变得越发系统、合理。认知竞技体育的价值成为充分认知与把握竞技体育的重要构成。竞技体育的价值是竞技体育这一主体的特殊活动形式以其自身的属性和功能，使主体需要得到满足并产生各种效应、获得主体认定的结果，或一种认识的存在方式。

竞技体育的价值体现了竞技体育这一客体以其本质属性和功能，在满足主体需要的过程中获得主体对其内在本质属性和功能的认定。主体的需要是一个多层次的复杂心理组合，具有异时性、交织性、递进性的特征，它凭借着主体多样化形式的活动表现出来。竞技体育是主体所从事的诸多形式的活动之一，已经成为世界范围内具有全人类性质的活动。在主体不断根据自身需求开展竞技体育活动、不断充实竞技体育的内容体系、不断改进和完善竞技体育的运行机制的过程中，以及主体不断地从科学的角度探求竞技体育发展规律的过程中，竞技体育也不断地从哲学的、文化学的、社会学的、人类学的、伦理学的、美学的等范畴研究竞技体育的本质属性和功能问题。而其目的是探究竞技体育的本质属性，以明确认识竞技体育的价值。因此，竞技体育的价值充分体现了主体对竞技体育本质的认识。人们在认知竞技体育价值的漫长时间中，始终没有中断过追求竞技体育价值的活动。早期的人类并未形成长寿与强身健体的思想，为了更好地生存下来，他们不得不主动、努力地掌握得到食物的必需技能，而技能的习得、提升则需要凭借着"游戏"来达成，这种含有身体运动和竞技因素的原始"游戏"，表现了当时人们改造"自身、自然"的价值追求。在原始部落中，孩子的成年必须通过一定的考试形式来进行确定，看他们是否有资格成为部落的"公民"，这种考试的主要内容就是在"成丁礼"的仪式上，进行检查"准公民"基本生存能力的"竞技"，"竞技"衍生出原始形式的"赛会"。以古代泛希腊竞技会为标志的竞技体育形式，建立在早期原始"赛会"的基础上，通过城邦间的竞技活动，表达"整个希腊民族渴望和平统一的愿望"。以祭神形式出现的古代竞技活动，体现了当时人们促进社会发展的价值追求。现代奥林匹克运动的形成与发展，让竞技体育获得了更加宽广的发展空间，它凭借着特定的形式与内容，在现代社会广受欢迎，成为十分常见的运动形式。它通过丰富的竞技体育活动形式呈现，让人们的生活内容变得更加多元，让人们的精神生活需求得到更大的满足，体现了更大范围的交往，同时也进一步促进了竞技体育自身的发展，表达了人类追求真、善、美与自由的最高价值理想。

在竞技体育活动中，主体是人，而客体是人的专门性活动。在主体能动地进行竞技体育的实践过程中，主体充分认识到竞技体育本身所具有的基本属性和功能对于主体的作用，与竞技体育形成了一定的价值关系，这种价值关系作用于主体，构成了竞技体育非常丰富的内容和价值层次。因为竞技体育价值内容的多样性与主客体关系的繁复，它通过较为丰富的形式表现出主体的价值，表现出自身的结构形式。竞技体育的价值结构是一个基本的构成框架，反映了竞技体育的价值层次性。所以，人们能够根据迥异的划分标准对其予以分类，如以价值的现存状态为依据，可以将其划分为功利价值、道德价值、审美价值、真理价值等，以主体为参考系，则可以将竞技体育的价值划分为社会价值、群体价值、个体价值等。这里采用两种划分依据对竞技体育的价值结构进行初步的分类。

1.根据价值关系的主体承担者来对竞技体育的价值进行分类

这是从人的需要出发来进行划分的一种形式。价值是主体在认识和改造客体的过程中创造出来的，是主客体价值关系的产物，因此它是一个主体性的概念。人的某一需求能够在不同客体处获得充分的满足；人也可以通过相同的客体满足自身迥异的需求，赋予其不同的价值。由主体的视角对价值类型做出合理划分，可以指引人们充分注意和理解人的本质、需要、能力的多样性、全面性和统一性，把握人发展的可能性与多样性。如此，由主体需要的维度出发，竞技体育的价值体现在满足主体需要和成为主体的使用工具这两个方面。

（1）目的价值

第一层级是竞技体育的目的价值。人们始终在讨论着竞技体育的最终意图。人们的所有活动都旨在寻求自身的进步与完善，追求自身的自由价值。在人类的价值体系里，自由表现出最为崇高的意义，它是真善美的目标和结晶，是真善美的统一和升华。自由价值是指人在对自然界、对社会和对人自身的认识和改造过程中，通过各种活动，在满足、确证人的主体性地位的需要中而产生的效应。竞技体育与人的发展之间形成价值关系，最终意图在于寻求、获得自由价值，也就是竞技体育应当把实现人的自由价值当作自身的目标。竞技体育的目的价值就是指其目的与主体终极价值实现的一致。在这一价值关系中，人作为价值主体，需要凭借竞技体育活动来打破外界事物和力量的抑制，进入自主的状态，让自身的价值追求获得充分满足。竞技体育实现主体自由价值的活动表现为，主体在认识竞技体育本质属性的基础上，以竞技体育活动作为满足终极需要、实现自由价值的客体之一，通过竞技体育特殊的身体活动形式和比较竞争的内在属性，不断超越与发展自我，依据真、善、美的标准，在特定环境与条件中，将外在的必然转变为内在的必然，变他律为自律，从而使竞技体育具有实现主体终极需要的目的价值。在竞技体育的价值层次结构中，自由价值在目的价值中占据核心地位，它主要由生命价值与发展价值组成。

人的生命价值是由生命存在的价值、生命延续的价值和超越生命的价值所构成的有机整体。在有限的生命范畴内，生命主体无法实现无限的意图，只能将追求生命价值视为价值主体自我意识无限循环的矛盾，运动才具有无限性。对生命价值的追求和生命价值目的的实现，体现了无限和有限的内在统一。人类以主动的状态追逐实现着自身的生命价值，人类坚持追求的就是维持自身主动的状态。生命的活力在于潜能的开发，这是凭借着创造性的劳动达成的。人类对生命价值的追求是绝对的，追求的内容却永远是相对的。生命价值是人们实现和创造其他各种价值，如自由价值的前提和基础；而生命价值的实现，又通过其他价值的创造和实现过程来体现，即人们是通过具体的物质价值和精神价值的创造来实现生命价值的。人类自我保护的冲动是生命力的一种形式，在竞技体育的活动中为自己找到了发挥和体现的场所。作为反映直接生命需要的一种本能，它在运动训练中，在运动能力的全面发展和丰富多彩的比较竞争中得到充分的满足。竞技体育以主体特殊的身体活动和主体间的比较，在实现生命价值中发挥着特有的作用，竞技体育的主体在身体几近达到运动极限的活动中，印证着生命存在的价值。主体之间在彼此对比的竞争里，传达着生命延续的意义；在让精神需求得到充分满足的过程里，感受着超越生命的价值。

发展是一种连续性增长、提高或跃迁的过程。在社会的不同领域，发展表现出迥异的意义。但是，由本质的层面看，发展是人的发展，是人带有一定意图的活动、实践和发展。经济指标的增长、科学技术的提高、社会的进步，最终体现在人的全面发展上。在现代社会，人的发展要求培养人的主体自我意识，让所有个体都充分认知到自身存在的意义。发展价值即人在谋求利益的过程里、能力提高过程中和主体自我实现过程中，因持续增长、提高或跃迁的需要得到满足而产生的效应。发展价值的持续获取是主体追逐自由价值必然会历经的。竞技体育表现出推动人综合发展的作用，其发展目标是人的身体发展和精神发展，其发展尺度以社会获得完美的生命表现的人为标准，其发展的动力来自人们相互之间进行比较的竞争需要。在竞技体育活动中，为了实现追寻自由价值的目的，主体始于实际生活，在完善生命价值的前提下探寻自身的发展价值，通过竞技体育活动这一客体来满足主体生存需要、强身需要、交往需要、享受需要和发展需要，体现自由价值。在竞技体育活动中，人类通过受意志控制的身体活动形式，使力量和勇气得到保存和发展。

（2）工具价值

第二层级是竞技体育的工具价值。竞技体育的工具价值是指价值主体以竞技体育活动这一客体作为工具，运用竞技体育的手段，满足主体在其他领域的活动，以实现其社会活动的目的。在该过程里，主体让竞技体育具备了工具价值。竞技体育的经济价值、政治价值、教育价值、精神价值、文化价值、科技价值等是工具价值的具体体现。

竞技体育的价值是它对于主体人的价值，是主体需求获得满足而形成的效应。因为主体能够划分为个体主体、群体主体和社会主体，主体的需求也显得丰富多样，因而，对不同主体而言，竞技体育的目的价值或工具价值表现出明显的差异，较为多样化。

2.根据价值关系的客体承担者来对竞技体育的价值进行分类

这样的分类方式是从客体的角度对人类认识和改造对象本身进行价值分析，揭露对象或者客体世界在哪些层面或者意义上可以使人的需求获得满足。竞技体育作为主体的价值对象或客体，在和主体建立价值关系的基础上，其本性与运动对主体形成的效应表现出鲜明的特征。由认知竞技体育原本的特性与规律的层面对竞技体育的价值做出科学的分类，是认知竞技体育价值的另一种视角。从客体的角度看，以竞技体育活动自身所具有的功能对于主体的效用来界定，竞技体育的价值可划分为选择价值、规范价值、竞争价值、娱乐价值、审美价值等。

（1）竞技体育的选择价值

选择是一定系统对环境因素的挑选、抉择以及对自身要素的调整和调配。在价值论中，选择主要是指人的选择，是主体根据自身需求与评价对外在客体和内在客体的挑选。人的选择本质上是社会性选择。选择是能动反应过程的必要环节。竞技体育的选择价值是指竞技体育活动过程和结果可以满足主体进行比较择优的需要。竞技体育以较为丰富的形式在主体的生活环境中存在，主体则自发地根据一定的价值目的与需求选取竞技体育。选择是确定价值目标时使主体需要与客体的可能相统一的前提，也是确定主客体之间最佳价值关系的前提，选择过程就是择优的过程。竞技体育的目标是人类在身体运动能力方面挑战极限、超越自我、满足精神发展的需要。竞技体育以主体间相互比较的方式，体现出主体一种择优的需要。在竞技体育活动开展的过程中，人们凭借着合理的对比，析取出竞技体育的客体信息（这种析取除主体对外界客体信息的选择外，还有主体对原有内储信息和决策方案的选择），择取最优秀者和最佳成绩，对其予以深刻的认同与肯定，从而满足不断超越自身的价值需求。在人们的社会生活中，这种对主体最具有直接性和挑战性的选择，体现了主体能动性对完善生命的价值追求。竞技体育的择优表现出真实性与公开性的特征，具备其余社会选择活动不能比肩的特征，其逐步被推行到人们的社会活动中。竞技体育对于主体的选择也是具有多个层次的价值取舍活动。面对个体主体、群体主体与社会主体，竞技体育体现出不同的选择价值。王蒲博士在论述竞技体育的重要组成成分——运动竞赛时曾指出："运动竞赛的实质是'选优'，运动竞赛的过程是'优选'……"[1]无论"选优"还是"优选"，都体现出竞技体育的选择价值。

（2）竞技体育的规范价值

竞技体育的活动中形成了大量的规范，这种规范是人们对竞技体育活动规律的认识和根据相互之间的约定而形成的制约。这种规范提倡与弘扬了公平公正竞争的精神，表现出人类对公平的崇尚与追逐。竞技体育的规范价值是指竞技体育的活动规律、规则满足了主体对公正和平等的追求，规范人们活动行为的需要。竞技体育所倡导的是同等条件下的公平竞争，反对隐瞒欺骗、徇私舞弊、服用禁药、故意伤人等不道德行为。因此从早期竞技活动的某些习惯性限制，到一定范围的约定俗成，再到权威组织的有效控制，以各种规则为代表的规范较为全面地体现了人们对公正和平等的追求。规范性文化是因人类生活需要而建立的某种具有规范意义的文化样式系统，包括社会习俗、社会意识以及道德、法律、规章制度等。它是用来控制人们的社会性行为，明确行为准则的根据。这种规范化文化缺乏实际的形体，然而在很大程度上约束着人们的行为，在整合社会的层面发挥着积极的作用。规范性文化构成了社会观念系统的核心部分。现代竞技体育以其公平作为规范的突出表现，传达出人们对公平规范的崇尚。

（3）竞技体育的竞争价值

竞技体育的竞争价值是指竞技体育活动满足了主体之间通过身体运动形式进

---

[1] 王蒲：《运动竞赛方法体系的建构暨对抗性竞赛方法的研究》，北京体育大学出版社，1998，第18页。

行比较和争胜的需要。竞技体育的竞争价值体现在培养主体的竞争意识、形成良好的竞争环境上。竞技体育所表现的是一种公平竞争的目的和努力，在追逐公平竞争的过程中，不仅积极提倡"更快、更高、更强"的竞争意识，更注重没有任何歧视，实现友谊、团结、公平，促进人与社会和谐发展的竞争目标。

竞技体育的竞争价值通过对主体的激励来实现。激励是适用于各种需要、欲望、希望、动力及其他类似力量的表述。在心理学中，激励是使欲求、需要、希望得以实现的动力。在管理学中，激励是根据主体的需要，有针对性地采取某些措施来引发主体产生某种动机、愿望和行为的过程。竞技体育的活动过程和结果在满足主体运用竞技体育的手段激发、鼓励主体的精神、情感、希望、需要、动力等方面是十分重要的。竞技体育活动具有激烈的竞争性，这种竞争不断激发主体去挑战企望征服的某种极限，超越竞技活动中自我的"高原"。同时，竞技体育也通过挑战某种极限和超越自我获得具有符号意义的成就，激励主体的精神世界，强化主体实践的动机。

（4）竞技体育的娱乐价值

竞技体育的娱乐价值是指其活动形式和过程可以满足主体进行娱乐的需要。竞技体育在其发展过程中，不同时期承担了不同的历史任务：它属于劳动技能的重要构成，也承担着准备战争的职责，它是实施教育的重要方式，也能够有效地推动社会交往。如今，竞技体育仍在扮演各种角色，满足人们的文化娱乐的需要就是其中之一。在人们物质生活逐渐优越、精神生活需求越发多样的背景下，竞技体育已经深刻地贯穿人们的社会文化生活，让人们收获愉快的心情与更加丰富精彩的业余生活。

（5）竞技体育的审美价值

竞技体育的审美价值是指竞技体育的表现形式与内容在满足主体审美需要过程中的作用。竞技体育的审美价值通过人在竞技体育活动中的创造，通过对人体运动的自然规律和社会影响的认识，以及对揭示和发展人的个性、人类联系形式，体现人在世界上的自我确证。人和动物的区别表现在人可以遵循美的规律开展创造。人的社会生产活动和生活活动都在某种程度上创造美的价值，竞技体育活动也是如此。竞技体育活动凭借彰显人体运动的超俗性、活动内容的多样性与竞技氛围的激烈性在人类的大量创造活动中脱颖而出。竞技体育的审美价值和道德、知识等其他精神价值一起构成人们精神文明生活的内容，并在一定程度上反映社会的发展水平。竞技体育的审美价值能够让人们的生活变得更具美感与情调。

（二）竞技体育的价值的衡量

美国著名社会学家与未来学家丹尼尔·贝尔指出："在估价公共服务时，我们并没有一种估计实际利益或价值的手段，对于市场上销售的商品如汽车或衣着，我们有市场价格作为个人支付产品的价值。但如何评价保健、教育或保护这类公共服务呢？核算制度只计算投入成本而不计算产出价值。因此，警察服务的产出价值是根据支付给警察部门人员的薪金、警车的费用等来衡量的，而不是根据阻止犯罪或逮捕破坏者的社会价值和经济价值来衡量的；保健服务的价值是根据医生的收费和药物费用来衡量的，而不是根据减少因生病所损失的时间来衡量的；教育的价值是根据教师薪金、设备费用等来衡量的，而不是根据学生获得知识的价值来衡量的。"● 竞技体育已成为具有世界范围的文化活动形式，它的价值衡量是多角度、多方式的。例如，人们经常在竞技体育的竞赛活动中通过授予金牌的方式来给竞技体育最优秀的选手予以肯定；凭借着收获的名次与成绩比较相互之间的竞技水平，并以奖牌和物质、金钱对获得优异成绩者予以价值认定，这是从竞技体育竞赛活动直接参与者所取得成绩的角度，以金、银、铜牌等这些象征性的形式来衡量竞技体育的价值。然而，物质是有限的，哪怕通过十分优厚的奖金与物质对获胜者作出褒奖，尝试表明人们参与竞技体育活动可以彰显出更为崇高的价值，也会有难以为继的时候。所以从根本上看，奖牌、金钱或物质只是外显的、具有符号性质的价值载体，竞技体育的价值的衡量并不完全以获得竞赛的名次、成绩和取得的金牌作为依据。

竞技体育作为人类的一种社会文化活动，它的社会学意义、文化学意义特别是对人类主体深层的哲学意义，应当由整体的视角展开。但是对竞技体育的价值而言，通过怎样的方式度量，操作起来具有很大的难度。竞技体育作为价值关系的客体，表现出自身独特的属性与功能，这是质的规定性，同时也存在着量的规定性，具体表现在竞技体育具有多种属性和功能，它们相对竞技体育本身有一个量的问题；对某一属性或功能，也存在着大小与多少的差异。而作为价值关系的竞技体育主体则有自己的需要，这些需求也表现出量的规定性，体现为主体应当具备竞技体育的多种不同属性和功能，其中表示了量的差别；主体需要的多种属性和功能中，对某一个属性或功能的需要，存在着一个量的多少问题。所以，竞

● 丹尼尔·贝尔：《后工业社会的来临》，高铦，译. 新华出版社，1997，第 308 页。

技体育的价值量同其规定性表现有关。在竞技体育活动中，存在着大量的数量关系，并且以时空参数特征作为最基本的度量标准，这些度量标准客观表达着主体在竞技体育活动中机械性的、物理性的、化学性的、生物性的效果，是竞技体育活动必不可缺少的。那么，应该以怎样的数量关系来描述具有哲学意义的竞技体育的价值呢？根据价值的基本定义能够发现，在主体需要、竞技体育活动、满足三者之间所形成的价值关系中，前两者是关系项，后者是中介项。满足作为中介项，与主体需要和竞技体育活动相联系，在被满足的基础上，便能够讨论竞技体育活动对主体需要的满足的程度究竟如何的问题。因此，可以用满足度的概念作为衡量价值量的基本出发点。从满足度、主体需要、竞技体育这三个方面建立一种相互联系的比例关系，即满足度是竞技体育属性功能的量与主体对其属性功能需要的量的比值。

竞技体育的价值量存在于主体与竞技体育活动的价值关系中，是竞技体育的价值的质与量的统一，具有自己的特点，这些特点主要有多样性、模糊性、增殖性。满足度并不是仅有的能够度量竞技体育价值的方式，有的研究者也运用其他方法如矩阵方法描述价值量。但是，不管采用什么度量方法，阐述竞技体育的价值量也旨在促进人们对竞技体育价值予以更加充分的利用，使竞技体育更好地为人类的文明和进步服务。

二、竞技体育的价值特性

在竞技体育活动中，主体是人，而客体是人的专门性活动。在主体能动地进行竞技体育的实践过程中，主体充分认识到竞技体育本身所具有的基本属性和功能对于主体的作用，与竞技体育形成了一定的价值关系。这种价值关系作用于主体，构成了竞技体育非常丰富的内容和价值层次。因为竞技体育价值内容十分多样、主客体关系十分繁复，因而竞技体育会通过丰富的形式表达对主体的价值，并具备自身的结构形式和特点。

（一）竞技体育的价值的主体性

价值是客体与主体形成一种关系的前提下，以其属性和功能对主体的需要所产生的效应。这种效应是主体性的，明显受到主体因素的约束，如果没有主体条件和因素，价值便无法形成，不可能产生。普罗泰戈拉的著名论断"人是万物的尺度"，正强调了人的主体性。"人是万物的尺度，是存在者存在的尺度，也是不存在者不存在的尺度。"价值的主体性就是客体价值的有无与大小，会直接受到主体多样的因素的约束，尤其是受到主体需求的约束。主体性是价值十分鲜明的特性。竞技体育既是个体主体的一种身体活动形式，也是社会主体的一种文化表现形式。竞技体育的价值并非指竞技体育自身具备的价值，而是指竞技体育对于人的价值。竞技体育的价值是"为人"的价值，表现出确切的主体性。这种主体性呈现于以下几个层面。

第一，在竞技体育与主体所形成的价值关系中，竞技体育的属性和功能有无或价值的大小，主要受到主体需要的影响。正因为主体需要能够对竞技体育产生作用，才让竞技体育凝聚着人的价值功能。因此，主体需要是制约竞技体育对于人所具有的价值的标准与内在尺度，也是制约竞技体育主客体价值关系的核心因素。诚然，竞技体育的属性和功能是对主体产生价值的重要客体因素，然而，它们一定要和主体产生价值关系，即主体的需求得到充分的满足，才可以形成价值。

第二，就竞技体育而言，它作为价值客体是主体在自己的价值活动中创造和改造的产物。创造性是主体性的最高表现，也是主体本质力量的集中表现。竞技体育是在主体需要的推动下，在游戏、祭礼、教育、竞争等活动中，按照主体的内在尺度和外在尺度进行创造和改造的产物。所以，竞技体育的存在和发展，体现了主体的创造性、自主性和能动性等主体性特征。

第三，竞技体育的价值体现了主体意识对现实的超越性追求。主体具备需要的原因关键在于主体实际生活里存在大量的困难、不满足或者面对未来的崇高追求。竞技体育具备价值的原因，不但由于其可以在一定程度上补足人们的某些匮乏，克服一定的困难，从而使人们的某些需要得到不同程度的满足，也由于它可以在主体超越现实的崇高追求里发挥作用。对于不同主体而言，竞技体育呈现出迥异的价值，它对个体主体所产生的价值主要表现在功利、选择、竞争、激励、审美、娱乐、规范、生存、发展等方面；对群体主体产生的价值，除了包含对个体主体产生的价值外，还在政治、经济、文化、教育等方面有所表现；对于社会主体所产生的价值，除了涵盖对个体主体和群体主体的价值外，主要体现在人类的生命、真善美与人类的自由等方面。

第四，主体需要既受到社会实践与客观物质条件的影响，也同时受到主体的知识结构、能力和情感的影响，受到主体内在精神状态的影响。这就是说，主体的主观因素对于竞技体育的价值也产生一定程度上的影响。

（二）竞技体育的价值的客观性

价值的产生具有以下条件：一是主体的需要；二是客体的属性和功能；三是价值的中介；四是价值活动。价值是一个关系范畴，在主客体的价值关系中，价值客体的属性和功能是必须具备的，但是价值主体所起的却是主宰作用、主导作用、支配作用。竞技体育对人具备一定的价值，主要在于它可以让主体人的需求获得充分的满足。若是缺乏主体的需求与自主作用，也便不能说到竞技体育的价值，这就是上述的主体性特点。但是，竞技体育的价值并不因为价值主体的需要和自主作用而失去它的客观性。竞技体育的价值是具有其客观基础的。可以从以下几个方面进行认识：第一，竞技体育的属性和功能是实际存在的；第二，主体对于竞技体育的需要是实际存在的；第三，竞技体育的属性和功能对于主体需要的作用和影响也是实际存在的；第四，竞技体育因其可以为主体所感受而表现出客观性；第五，竞技体育的实践性证明了竞技体育的价值的客观性。

（三）竞技体育的价值的多维性与一元性

尽管竞技体育的属性与功能在发展历程中表现出一定的变化，然而由本质层面来看是基本不变的，身体活动性和主体比较性是竞技体育两个最主要的特征。而从主体一人的方面来看，则是复杂的、多变的、受到各种因素影响的。因而在不同主体基于自身需求开展竞技体育活动试图收获一定价值时，其价值体现也许表现出一定的差异。这便让竞技体育表现出价值多维性的特征。竞技体育的价值的多维性是指竞技体育活动依主体不同而产生条件性、变动性，对不同主体或不同时空条件下的同一主体、同一主体的不同方面具有不同价值和多种价值的性质。竞技体育的价值的多维性主要包括以下内容。

第一，竞技体育对不同主体呈现不同的价值。主体是一个多层次的组合，包括个体主体、群体主体、社会主体或人类主体几个方面。因为不同主体拥有自身追求的利益与所处的社会环境，所以面对竞技体育便具备迥异的需求。正是因为具备这样的需求，竞技体育价值才会呈现出多维性的特征。比如，由个体主体的层面而言，竞技体育对个体多体现出一种本体性的价值作用，包括生存价值、发展价值、审美价值、娱乐价值、规范价值、竞争价值等；而从社会主体方面看，除去对个体的价值作用外，竞技体育还可以具有对社会主体的派生性价值作用，包括政治价值、经济价值、文化价值、教育价值等。竞技体育的价值的多维性取决于价值主体的多元性、多元主体之利益的多元性。

第二，竞技体育对不同时期、不同条件下的同一主体呈现不同的价值。相同的主体在迥异的历史阶段与社会文化背景下关于竞技体育的需求也具有差异，所以竞技体育对主体也表现出迥异的价值。同样是社会主体，在古希腊人那里，竞技体育所体现的是祭礼的价值；在近代社会发展中则对社会主体具有教育的价值；而在现代社会条件下，竞技体育更多体现其发展价值和追求自由的价值。这是因为竞技体育的价值的多维性决定于同一主体不同时期、不同条件下的利益的多元性。

第三，竞技体育对同一主体的不同方面呈现不同的价值，甚至反之。对于某一个体主体而言，为了使其不同层面的需求获得充分的满足，竞技体育便能呈现出丰富多样的价值，如娱乐价值、审美价值、竞争价值、生存价值等；同样，对于群体主体或社会主体来说，为了满足群体生活和社会发展等不同方面的需要，还可以体现出政治价值、经济价值、教育价值等。

价值的一元性就是价值的确定性、稳定性、单一性，是指同一客体对同一时期的社会主体或一定时期一定条件下的具体主体，对某一具体主体的某一方面的价值是确定的、一元的，而不是多维的性质。竞技体育的价值一元性表现如下。

第一，竞技体育对同一历史时期的社会主体的价值是确定的、一元的，而不是多维的。同一时期的社会主体只有一个，其利益是一元的，竞技体育对同一历史时期的社会主体的作用和影响是确定的，不可能有不同的价值。

第二，竞技体育对一定时期一定条件下的某一个体或群体主体其价值是确定的、一元的，而不是多维的。

第三，竞技体育对一定条件下某一具体主体的某一方面的价值是确定的、一元的，而不是多维的。若不同主体拥有同样的利益追求与需求，竞技体育的价值也许便会表现出一致性，这也是一元性的一种表现。

（四）竞技体育的价值的社会性

竞技体育的价值的社会性表现在主体及其需要的社会性。人是一种社会存在，主体的人是社会的人，是结成一定社会关系的人。主体源于人的需求开展不同的活动。人和其活动时的社会性，决定需要及满足需要的方式的社会性，也决定了价值的社会性。竞技体育是人们的一种社会活动方式，本身就是社会的产物。竞技体育在满足主体各种需要的过程中体现出其价值的社会性特点。

竞技体育的价值的社会性表现在其价值活动和内容的社会性。人们总是在特定的社会环境、生产方式中开展价值活动。竞技体育由初始阶段起便是人类的社会活动，凭借着个体身体运动能力的对比而融入人们的社会生活里。无论竞技体育活动是满足个体的需要、群体的需要或是社会的需要，都在一定层面上体现出人类在社会条件中的利益追求。

竞技体育的价值的社会性，表现在受到社会因素的影响。由于社会历史发展的过程是一个多因素影响与推动的过程，因此任何一种社会因素都在影响和推动社会前进的过程中受到其他因素的反影响。经济、科学技术、政治、军事、文化、教育、宗教、环境等都在影响着社会的历史发展。因为竞技体育是社会文化的重要构成，在对人的价值的发展历程里，也难免被以上因素影响。正是在这些因素的影响下，竞技体育的价值才表现出一定的社会性。在现代社会，竞技体育的价值的社会性特征之最大表现是竞技体育已经形成了活动的专门化方式和特殊群体的职业化行为，成为社会生活的一种样式。以职业化的形式专门从事竞技体育的活动，传达出社会不同主体迥异的需求与价值追求。但是，竞技体育的专门化与职业化的意图在于达成竞技体育的特殊目标，或可以认为取决于其目的。在整体意义上，专门化的竞技体育活动象征着人类打破某种生命的最高限度，超越自我，持续打造出生活内涵上的新世界。

（五）竞技体育价值的时效性

价值的时效性是指每一种具体的价值都具有主体的时间性，随着主体的每一变化和发展，一定客体对主体的价值或者在性质和方向上，或者在程度上，都会随之改变。价值的时效性体现在人类价值水平始终处于持续的变化、提升中。价值的时效性受到主体、人的持续发展与需求不断改变的影响；同时也取决于客体的相应属性。竞技体育价值的时效性是由竞技体育的价值的社会性所决定的。第一，主体需要所具有的时效性让竞技体育的价值表现出时效性，主体对竞技体育的需求是伴随时间更替而变化的，近代大部分竞技体育项目的出现，要么是为了让劳动者获得更加强健的体质，要么是为了让青少年习得更加丰富的运动技能，以适应工业化生产的需要。随着时代的发展，人们对于竞技体育本体功能和属性的认识不断加深，其需要也逐步扩展，于是，竞技体育满足工业化生产的需要渐渐让位于满足精神文化生活的需要。第二，客体发展的时效性。从竞技体育本体组成来看，竞技项目的内容（动作、技术等）具有时效性，如竞技体操中空翻动作经历了"单周空翻—单周空翻加转体—多周空翻—多周空翻加转体"的发展过程，其动作的难度也在不停发生改变，具体动作的时效性也处于持续的改变中；竞技项目的形式具有时效性，如 20 世纪 50 年代的九人制排球和 20 世纪 60

年代后的六人制排球，其时效性也是不同的；运动训练具有时效性，运动训练的方法、手段的时效性变化使其成为竞技体育的重要研究对象，从"单一训练法"到"辅助训练法"，从"间歇训练法"到"超量恢复法"，从"法特莱克"（速度游戏）到"循环练习法"，从"马拉松训练法"到"系统训练"，充分反映了运动训练方法与手段的时效性。竞技活动的规范具有时效性，如竞技规则的时效性，竞赛规程的时效性等；竞技活动的成绩也具有时效性，如有纪录的成绩在没有打破时具有相对的极限性和时效性，只要打破纪录，其极限性与时效性便形成了崭新的改变。时效具备即时性与持续性两种不同的形式。竞技体育的价值时效的转移或更迭主要具备刷新式和积淀式两种方式。刷新式即对有纪录竞技项目成绩的不断突破，新成绩的价值时效将取代旧成绩的价值时效；大部分竞技项目动作的发展创新都具备积淀式效应，如技能难的各个项目，大致都是凭借着动作积淀与组合实现价值时效的转移。❶

---

❶ 颜天民：《竞技体育的意义》，北京体育大学出版社，2003，第99页。

第二章

溯源逐流：中国竞技体育的发展历程

中国竞技体育从 1840 年起至今，经历了十分漫长且曲折的发展过程。对我国竞技体育的发展历程进行整理，可大致将其分为四个阶段，即中华人民共和国成立以前的早期竞技体育发展、中华人民共和国成立后的初步发展、改革开放后的发展、21 世纪后的转型探索，这四个阶段各有特点。本章详细地论述了这四个阶段的中国竞技体育的发展情况，以帮助读者更好地了解中国竞技体育。

第一节　早期我国竞技体育的发展

我国竞技体育的早期发展与其历史环境有着十分紧密的联系。国内外政治局势的动荡为竞技体育的发展带来了许多不确定的因素。

一、早期竞技体育发展的历史背景

（一）洋务运动的兴起

1840 年以来，由于西方列强的侵略，我国沦为半殖民地半封建国家。当时的晚清政府不甘心成为帝国主义统治中华民族的工具，于是从 19 世纪 60 年代开始，一场以挽救民族生存与发展的洋务运动拉开序幕。这场洋务运动是在不动摇旧政治体制的前提下，由戊戌变法再到清末"新政"成立，基本是以引入西方现代化文明、推进现代化发展为使命的一场变革。但是，洋务运动最终以失败告终。

（二）教会学校的建立

1. 教会教育的萌芽

在经历了洋务运动的失败之后，西方列强更加肆无忌惮地加快了对中华民族的文化侵略。形形色色的西方文化开始大量地涌入中国，其中西方的教会教育在中国渗透速度最快、最广。另外，许多的爱国人士寻求"救亡图存""强国强民"的道路，于是学习西方现代文明中的现代化教育成为当时的一种社会潮流。西方基督教教育是随着列强的坚船利炮一同进入中国的。自 1875 年开始，基督教会在中国开办的学校便多达上百所，学生人数也有上千人，尽管当时的教会学校以小学为主，但教会中学也开始出现。到 1899 年，教会学校与学生人数更是达到前所未有的规模。与此同时，一些教会大学也在全国各中心城市建立起来。到 20 世纪初，中国的基督教教育系统已经初具规模。教会学校在设立之初，在教学和管理上都是完全独立的，不在政府的管理范围之内。随着基督教学校力量的壮大，传教士已不再简单地把它们看作布道的工具，而是不断提高其专业水平，引入西方近代的学校课程，以培育各种有影响力的人才。教会学校开启了中国的近代教育，西方的学校体育也经由教会学校进入中国。而这个时期正是中国教会学校体育的初步发展阶段。●

2.教会教育的发展

教会教育的重要组成部分是教会学校的体育，几乎所有的教会学校都有学校体育。而教会学校传授的体育全部是以西方自然科学为主要依据，有比较科学与完整的规则，在许多方面反映了近代西方文明的进步性；另外，西方的近代体育是源于古希腊和罗马的古西欧体育文化，经过文艺复兴和产业革命的洗礼，在工业生产、生产竞争的社会条件下，以城市为中心发展起来的，以竞技体育项目为特征的一种体育。其中，体操（以器械体操、兵式体操为主的体操）、田径、篮球、排球、足球、乒乓球、网球、举重、棒球、拳击、游戏、队列等是各个教会学校最为流行的学校体育项目。教会学校不仅在学校开设体育教育，而且可以组建各种竞技体育组织和运动队，开展多样的竞技体育比赛。

二、青年会的建立

我国青年会组织出现于 1855 年的上海和杭州。到 1886 年，在华的青年会已达 27 处。青年会都设有体育部，体育部的主要工作和日常活动分为会内和会外两个方面的工作。

会内的工作有：组织青年会中的体育课；辅导会员进行体育活动，项目包括体操、篮球、排球、室内手球、举重、室内壁球、跳箱、单双杠、木马等；举行

● 韩鲁安：《基于循环经济理论创新竞技体育发展方式的研究》，经济日报出版社，2017，第 45 页。

体育文娱晚会和体育活动表演会。

会外的工作有：应邀到一些学校做体操球类教练；参加地方与学习运动会的筹备工作，担任裁判员；到一些学校辅导课外体育活动；辅导中小学体育教师自行组织的体育教学研究班。每周集合在青年会健身房 1～2 次，由体育部的干事和共同进行理论研究和实际练习，这些工作受到各校体育老师的欢迎。当时全国主要的青年会分布在北京、广州、南京、福建、成都、长沙等城市，其中，上海、天津、北京等地的规模较大且发展较快。总的来说，青年会作为中国体育社团组织的重要代表，在近代体育项目的传入、体育制度的介绍、体育思想的宣传、女子体育活动的开展、运动场地的建设、运动比赛的组织及其体育专门人才的培养等方面发挥了重要作用。

三、运动会最初的模型

1890 年在上海圣约翰书院初次举办了以田径项目为主的学校运动会，是中国体育史上最早的运动会。1913 年在马尼拉召开的第一届远东运动会上，中华田径队 26 名选手共获 36 分，其中来自圣约翰大学的 5 名选手就取得了 26 分。这说明中国早期竞技体育的发展与在华的西方教会教育机构及其下属的青年会组织大力传播西方竞技体育（包括竞技体育的理论、技术、运动会的组织方法和竞赛规则等）有着极其密切的关系。从客观的意义上说，西方教会学校和基督教青年会对促进中国近代竞技体育的成长发挥了重要的作用，西方竞技体育人才培养的模式（以学校教育不同层次核心的竞技体育人才培养模式）是当时中国竞技体育发展方式的主要范例。

四、辛亥革命的爆发

（一）辛亥革命的爆发对中国体育的影响

辛亥革命爆发以后，以孙中山为首的革命党人成功推翻了清朝的统治，结束了中国长达两千多年的封建帝制，开创了民主共和国的新纪元。辛亥革命使中国的政治、经济、社会文化产生了巨大变化。除了在政治上推翻了封建帝制、沉重打击了帝国主义的侵略势力，使其再也无力在中国建立比较稳定的统治秩序，辛亥革命更为重要的意义在于推动中国政治、经济、文化、社会的现代化进入了一个崭新的阶段。

民族资本主义的经济力量在短短的几年内就有了显著的增长，与此同时，受国家政治、经济、文化、教育发展多方面影响的体育，也走向了与国家政治理念相一致的现代化道路，并为国家实现政治、经济、文化、教育的目标而服务。当时的国民教育思想、自然体育思想、民族体育思想都对国家的体育教育及竞技体育的发展方式产生了巨大影响，国民政府的教育部由此取代了西方教会教育及其竞技体育在中国的主导地位。

由国民政府的教育部统筹管理中国的教育事业以后，当时的教育部部长蔡元培先生指出："修己之道不一，而以康强其身为第一要义。身不康强，虽有美意，无自而达也。康矣强矣，而不能启其知识，练其技能，则奚择于牛马；故又不可以不养德性。是故修己之道，体育、德育、智育三者，不可以偏废也。"在当时的社会条件下，蔡元培先生提出的全面发展的教育观是十分可贵的。他将体育提到完善人格的地位，即使是放到今天的体育教育事业中看也颇具价值。

另外，民国政府颁布了一系列政治、经济、文化教育方面的政策、法令，采取了一些措施，对封建制度进行了改革。在教育方面，进行了一系列改革，如颁布了《教育部普通教育暂行办法通令》《普通教育暂行课程之标准》《民国教育部官职令》等。这些法律法规重点强调了学校教育要贯彻德育、智育、体育、美育和谐发展的教育方针。

（二）辛亥革命对中国竞技体育发展的贡献

辛亥革命前后，一批由中国人自己组织管理的民间体育社团成立，如上海的精武体育会、江浙的国民尚武会、北京的体育竞进会、浙江体育会等。在这些体育社团中，影响最大、延续时间最长、参加人员最多者首推浙人陈英士在上海倡办的精武体育会。1923 年 7 月 7 日，中华体育协会在上海召开发起人会议，会议上决定以中华体育协会名义，立即进行调查并联络各区体育团体，定期举行成立大会成立中华体育协会筹备处。1924 年 8 月 4 日，中华体育协会筹备处和中华业余运动联合会借中华教育改进社在南京举行年会之机，举行成立大会。

全国体协的成立，为近代中国的竞技体育发展创造了更好的条件。它在构建中国竞技体育的发展方式、完善竞技体育比赛规则、加强国际体育联系、组织参加国际体育活动和推动奥林匹克运动在中国的开展等方面都发挥着极其重要的作用。全国体协的成立标志着中国近代竞技体育的新篇章由此拉开序幕。

关于全国体协的组织性质，最基本的定位为民间性，无论是北京政府时期还是南京国民政府时期，对于体育社团的民间性质是从不含糊的，并且明文规定体育社团不得以团体名义参加政治运动。全国体协虽属民间社会组织，但是受到国家法律的保护和约束。

全国体协具有一定独立经济管理制度和一套比较完整的财务制度。由于组织的资金来源较少，全国体协不得不从事一些经营活动，以取得一些收入来弥补资金的不足，如举办田径赛、足球赛、棒球赛所得的门票收入等。值得注意的是，体育组织的非营利性与它从事经营活动是两个不同的概念。非营利性并不意味着不营利，而是组织的利润不能在成员之间进行分配。这是因为早期的竞技体育发展虽有政府的投入，但十分有限，更多的是依靠体育社团组织的非单纯盈利为目的的经营活动来推进竞技体育活动的开展。

由此可以看出，在中国近代早期的竞技体育发展中，政府不是推动国家竞技体育发展的唯一主体，以社会民间法人组织为主要特征的中华全国体育协会在推进中国竞技体育理论与实践的发展中发挥着巨大作用。它是由体育界人士自行发起，组织管理和行使权力的非营利性社团法人组织，其组织的权力采用的是分权制度。组织内部各职能部门有多级划分，权力也多级分配，下级服从上级，上级指导和监督下级。组织外部是三级制结构体制，有正式的规章制度，有明确的分工，有一定的权力分层及其责权利的界定，尤其对经费管理具有严格的规定，以保障社团组织各项业务的开展。全国体协联合全国各类体育团体组织，有目的、有计划、有意识地向国际体育组织看齐，共同促进国民体育的发展；主持全国及国际的运动比赛事项；制定业余运动员之资格；制定各项运动规则，形成了一个较为完整的竞技体育发展方式。这样的竞技体育方式不仅在发展理念与世界体育的发展潮流和本国的政治发展目标相吻合，而且在处理政府与社会民间组织的利益关系上表现出较好的系统性。全国体协与政府之间的关系是政府依据有关法规对全国体协进行管理，全国体协在有关法规规定的权利、义务范围内进行活动，并服从政府的管理。二者之间的互动促进着中国竞技体育的发展。

五、第二次世界大战爆发后中国竞技体育的再发展

第二次世界大战全面爆发后，中国的竞技体育出现了两种不同的发展模式，具体如下。

（一）由无产阶级领导的竞技体育

由无产阶级领导的革命根据地的竞技体育是广大人民群众做主的一种崭新的新民主主义竞技体育，它继承了五四运动的光荣传统，艰苦奋斗、勤俭办学，发展因时、因地、因人制宜、小型多样的竞技体育，为中华人民共和国成立以后的社会主义竞技体育发展积累了经验，开拓了道路。竞技体育组织体系中以人民军队的竞技体育运动为中流砥柱，竞技体育的场地设施均以因陋就简、土法上马、自力更生为原则进行修建。运动训练和竞技比赛均以增进团结、提高军队的战斗力为主要目标，而不是以提高运动成绩为宗旨。竞技体育的经营管理是党的文化教育的重要组成部分，党和根据地政府作为竞技体育的管理主体，经费极其有限，表现出革命根据地竞技体育的无产阶级的特点。这种竞技体育发展方式为中华人民共和国成立后的社会主义竞技体育建设与成长积累了丰富的经验和奠定了坚实的基础。

（二）由国民党领导的竞技体育

国民党领导的竞技体育的发展缺乏持久、健康的原动力，表现出以下四个方面的弊端：第一，运动竞赛成绩不断下滑；第二，运动竞赛组织混乱；第三，漠视国际竞技体育比赛；第四，竞技体育资源配置严重不足。

1928 年第九届奥运会在荷兰阿姆斯特丹举行时，"全国体协"仅派宋如海一人出席参观。1932 年 7 月至 8 月，第十届奥运会在美国洛杉矶举行，事前国民党政府宣称不派遣运动员参加，后因日本积极筹派运动员代表伪满洲国参加奥运会，引起了国内人士和海外华侨的愤怒，全国体协才出面募捐，强拼起一个代表队，结果因旅途疲倦、体力不支，中国运动员在预赛中便被淘汰。在国民党政府执政的中后期，国民党政府日益腐败，国民政府绝大多数的人力、物力、财力都投入战争之中，竞技体育的发展停滞不前。

六、中国近代早期竞技体育发展方式的特征

近代中国的体育发展可以说是从被动引进西方的学校体育开始的。模仿西方学校体育的兵式体育来兴军事、兴教育、兴国家、兴民族，是当时国家复兴的一个政治目标。为此，大力推进学校体育成为一项重要国策，也是国家发展竞技体育的理念与目标。为了实现国家的政治目的，这个时期中国的竞技体育发展以

追求现代化，增强国民体质，促进竞技体育的普及与提高，服务国家经济、军事、文化、教育、社会现代化建设的需要为核心发展目标。

在管理体制与经营机制上，我国采取以中央集权制为核心、多样利益主体共同参与的方式，促进竞技体育的发展。其中，民间非营利性社会公益组织——体育社团组织，主要通过社会募捐和不以谋利为目的的准公共产品生产的办法发展竞技体育，即通过一些项目的竞赛获取的门票收入为竞技体育人才培养与参加各种国内外重大比赛提供经费。这种市场化的竞技体育经营方式是值得借鉴的。

在竞技体育的资源配置上，政府将国家公共体育的资源基本上投向了学校体育，而竞技体育和大众体育的资源配置则非常少。这种严重不均衡的公共体育资源配置格局与政府对公共体育资源分配的绝对掌握有着直接关系。虽然这个时期社会民间组织对学校体育资源配置也有一定的话语权，但在学校公共体育资源配置的导向、规模、结构上都难以与政府无法相比。政府占据着学校公共体育资源配置的统治地位。

自中国近代体育诞生起，竞技体育的发展方式就有社会化、政府化、民营化的明显特征。

第二节　中华人民共和国成立后竞技体育的初步发展

中华人民共和国成立初期，竞技体育的发展是随着体育事业的发展而发展的。与其他事业一样，中国竞技体育是从旧中国虚弱的"体质"中起步，并从中探索出了一条具有中国特色的竞技体育发展道路。

一、中华人民共和国成立后竞技体育发展的历史背景

中华人民共和国成立之初，我国采用了计划经济的经济发展方式。政府通过行政指令来规划与组织经济社会的建设发展，以行政手段调控资源，组织不同部

门进行生产与建设。竞技体育作为国家发展的一个组成部分，也采取了与计划经济相一致的发展方式。竞技体育发展所需的资源由政府行政指令予以配置，政府成为竞技体育发展的唯一投资主体。

体育部门和单位虽然在 20 世纪 50 年代初参与了竞技体育的发展，但它们作为计划经济中的社会力量，其发展资源主要来自政府的行政划拨，其发展责任主要源于政府的行政计划及指令。作为竞技体育的发展主体，体育部门是在使用政府分配的资源的基础上来发展竞技体育，目的是完成行政任务。可以说，此阶段内政府对竞技体育的发展发挥着绝对的主导作用，竞技体育围绕"提高竞技水平，摆脱落后地位"这一核心发展。

二、中华人民共和国成立后竞技体育的发展方向

（一）竞技体育发展的目标

中华人民共和国成立之初，党和国家主要领导人用统一的发展目标指引着各项体育工作的开展，并未对竞技体育的发展进行单独的、特殊的指示。1951 年，国家提出了"使中华人民共和国的体育运动成为经常的广泛的运动"的具体工作方针，体育工作形成了以"为劳动生产和国防建设服务"为基本任务，以"普及化和经常化"为基本方针，建设民族的、科学的、大众的体育事业为目标的发展思路。此时，竞技体育的发展与整体体育事业的发展步调一致。

其后，随着国际交往的增多，以及为参加 1952 年赫尔辛基奥运会做准备，发展竞技体育、提高竞技水平的问题越发受到国家领导人的重视，并开始采取一系列发展措施，提出了相应的发展目标。

1951—1955 年，我国相继成立了篮球、排球、田径、乒乓球、游泳、羽毛球、体操等项目的国家队。1952 年 2 月，刘少奇在对《选拔各项运动选手集中培养的通知》的批复中指出："当前的体育工作必须使普及与在适当范围内提高体育运动水平相结合，以取得进一步发展。"至此，发展竞技体育的问题被单列出来，其指导思想和发展目标开始聚焦在"不断提高运动技术水平，为奥运争光"上。在 1956 年的《发展国民经济的第二个五年计划的建议报告》中，"提高体育运动水平"与"增强人民体质"首次被官方并列提出。1958 年的《体育运动十年规划》对竞技体育的发展提出了具体的目标："在十年左右，争取主要运动项目赶上世界水平。"1961 年，国家明确了"缩短战线，保证重点"的体

育发展战略，其发展目标取向都是着眼于提高运动技术水平，消解在国际体育交往中的劣势，彰显大国地位。

（二）竞技体育发展的内容

中华人民共和国成立伊始，新体育活动的开展参照了大量解放区的体育经验，组织多样化的运动内容，并以多样化的组织形式开展运动，体现了以运动竞赛促进大众参与体育运动的特点。例如，对于少年儿童，强调不进行过分剧烈的运动，以避免对他们的生长发育造成不良影响；对于成年人的体操比赛，不设规定动作，不分级别；对于初学者或水平不高的九人制排球赛，允许球落地后击球，不限击球次数等。

与此同时，全国各机关、工厂、学校举办了一系列综合性的和单项性的大型体育运动会。当时的运动竞赛人员不仅参与人数多，而且设置的运动项目涵盖范围广，各运动项目处于相对均衡的局面。

出于尽快提高我国在国际体育交往中的形象的考虑，以及当时经济发展条件的限制，国家开始对运动项目进行有选择性的扶持和布局，以争取在较短时间内取得明显的效果。1958 年 9 月，国家体委制定的《体育运动十年规划》提出："在 10 年左右，争取篮球、排球、足球、乒乓球、田径、体操、举重、游泳、滑冰、射击 10 个主要运动项目赶上世界水平。"

1961 年，根据当时的发展条件和环境，各省、直辖市、自治区体委按"缩短战线，确保重点，猛攻尖端"的原则，以田径、体操、游泳、足球、排球、篮球、乒乓球、射击、举重、速度滑冰 10 个项目为重点，对优秀运动队进行了精简和调整。

1964—1965 年召开的全国体育工作会议指出，应继续调整优秀运动队伍，由国家和省、市、自治区两级设置优秀运动队，统一规划，合理布局，保证重点。要求省一级的优秀运动队集中精力主攻在 3 ～ 5 年内可能攀上世界高峰的项目，兼顾几个在一定时期内确实能够赶上世界水平的项目。竞技体育开始进入非均衡发展的赶超期，部分项目超前发展成为我国竞技体育在短时间内提升竞技水平的战略抉择。

（三）竞技体育发展的理念

中华人民共和国成立之初，中央人民政府将"新体育"定位为人民大众的体育，强调体育的全民性，这也成为当时指导包括竞技体育在内的各项体育工作开展的理念与要求。

当时，国家对体育发展的认识是基于体育服务于大众的参与需求的理念。因此，当时举行的一些运动竞赛，不仅是为了选拔高水平的运动选手，而且是为了借助竞赛带动群众广泛参与相关项目的运动。例如，1951年举行的全国篮球、排球比赛，不仅是为了选拔出国参赛的选手，而且强调通过比赛，在各地区建立篮球、排球运动的基层组织，使其成为经常性的、群众性的活动。

随着国家将发展竞技体育、提高竞技水平问题单列出来，竞技体育开始更多地承担政治外交功能，其发展也有了更多的政治内涵，在国际体育交往中彰显大国实力、争取国际认同、国际话语权等，开始成为竞技体育发展肩负的历史使命。

竞技体育在这时主要表现为运动项目的非均衡发展，项目参与的人数变少，产生了专门从事竞技体育的专业运动员，竞技体育的发展转向了为国家利益服务，竞技体育开始肩负起特定的政治任务，"为国争光"成为竞技体育发展的核心理念。

三、中华人民共和国成立后竞技体育发展的服务对象及服务内容

（一）竞技体育发展的服务对象

中华人民共和国成立之初，团中央和全国体育总会筹备委员会，明确了体育工作的首要任务：把体育普及到千百万劳动人民中去，融入广大人民的生活中，使少数人的运动成为国民普及的运动。为贯彻这一宗旨，当时的竞技体育以一种业余的、广泛参与的体育锻炼或体育竞赛的形式存在，表现出了典型的强化体能或技能的特点。而且当时的竞技体育与群众体育交融在一起，高水平选手产生于基层体育活动人群中，各种竞技活动的出发点也落脚于促进大众参与体育运动。广大人民群众成为当时竞技体育发展的范围对象：学校体育以使更多的学生重视并积极锻炼身体为首要任务，以一定的体育锻炼标准来推动学生的体育行为；职工体育以增强职工体质，发展生产能力为主要任务，以小型的、业余的体育竞赛来带动职工参与运动的积极性；部队体育以增强军人身体素质，提高战斗力和劳动效率，培养集体英雄主义精神为主要任务，以劳动锻炼、体育活动、部队运动会等来推动军人积极参与运动，各军区的文化部门中均配备了专门的体育干部，设置了相关机构，制订了相关体育工作条例，使全军各军种人员能积极参与

1～2 项运动项目。

随着发展竞技体育、提高运动技术水平问题被单列出来，以及国家相关政策导向、相关措施的实施，竞技体育发展的服务对象开始转向小众的精英运动员，不仅将体育工作的重心放在了高水平竞技体育上，而且缩减了扶持的运动项目、运动队数量和运动员人数。竞技体育开始转型为替少数优秀选手量身打造的竞技运动。

（二）竞技体育发展的服务内容

中华人民共和国成立之初，体育事业的定位是为国防和国民的健康利益服务。基于这一认识，竞技体育主要提供群众参与度高的体育竞赛产品，着眼于为广大民众的竞技参与提供多元化的竞技产品与服务。当时全国各大、中城市，各机关、工厂、学校积极举办各种运动会，满足区域内人民群众的竞技参与需求。1953—1956 年，我国共举行地、市级以上运动会 6000 多次，还举办了一些全国性的比赛。另外，我国也开始参加一些国际性的比赛，如 1951 年参加了第二届世界学生代表大会，同年 8 月又参加了在捷克举行的篮球比赛和排球比赛。

受当时社会环境的影响，竞技体育开始逐步服务于国家的政治及外交需求。随着竞技体育为国争光功能的逐步强化，不仅其服务对象逐步转向小众的精英运动员，而且其服务内容也逐步集中在生产"为国争光"的竞技体育产品。在组织管理方面，我国 1952 年成立了专门的体育行政管理机构——中央人民政府体育运动委员会，逐步形成了政府集权管理竞技体育的局面；在政策法规方面，不仅相继提出了普及与提高相结合的发展方针、缩短战线、保证重点的发展策略，而且出台了一系列激励优秀运动员的条例；在运动员培养方面，相继成立了解放军体育工作大队、中央体训班和业余体校，产生了专门从事竞技体育的专业群体；在体育竞赛方面，参加的国际性体育赛事开始激增。

四、中华人民共和国成立后竞技体育发展的路径

（一）竞技体育发展的动力来源

中华人民共和国成立之初，我国形成了以团中央为主管领导，中华全国体育总会为具体操作，教育部、中华全国总工会等部门系统协作的体育管理机制。从当时主管机构的性质来看，中国新民主主义青年团（1957 年改名为中国共产

主义青年团）为群众性组织，这种非官方管理机构的设置体现了非行政化管理的初衷。同时，中华全国体育总会筹备委员会（1952 年正式成立中华全国体育总会）也是群众性组织，而当时的体育大赛都由全国体育总会负责承办。可见，当时的体育总会是实体性的民间体育组织，承担了体育事业的具体运营工作。

从这个阶段管理的运行来看，群众性体育管理组织主要依靠行政批复和财政拨付来组织与实施相关体育工作。1949 年 9 月颁布的《中国人民政治协商会议共同纲领》第 48 条规定："提倡国民体育，推广卫生医药事业，注意保护母亲、婴儿和儿童的健康。"可见，当时人民的体育权利并没有相应的法律条款给予保障。

当时各社会组织、团体、个人开展体育运动，更多的是依托人们的政治热情，是对新的政治号召的积极响应。青年团不具有行政级别，实际上它也无从领导其他行业系统内的体育活动，只能依靠向中央请示、报告，由中央批复后再下发相关通知，最后再由其组织开展相关体育活动。竞技体育的决策和运行，主要取决于主管领导的行政级别和行政影响力。行政批复和政治动员成为竞技体育发展运行的有力保障。加之竞技体育的经费来源为政府财政拨款，因此当时竞技体育发展的动力仍然可以视为主要来源于政府，但显然政府承担的是宏观管理职能。

其后，国家成立了专门的体育行政管理机构，政府开始逐步集中竞技体育的管理权，社会组织逐渐失去了竞技体育管理职能。最终，政府管办一体，成为竞技体育发展的唯一管理主体，竞技体育发展的动力也完全来源于政府。

竞技体育的发展形成了以国家体委为最高领导的行政管理机构，对竞技体育的资金投入、政策法规制定、参赛资格审核、考核评价等的管理权限集中在各级体委手中。

（二）竞技体育发展的资源配置手段

中华人民共和国成立后，考虑到当时的经济条件、国际环境与公有制基础，我国实行了计划经济。社会各项事业的发展依托国家计划和行政性指令来配置资源。因此，行政手段是此阶段内竞技体育发展的唯一资源配置手段。

首先，从此阶段内体育事业的经费来源来看，所需的发展资金完全源自中央和地方政府的财政拨款。这就意味着运动训练、运动竞赛、运动员培养等一系列竞技体育发展运营的资金都由政府承担。

其次，从当时对高水平运动员的管理来看，国家不仅对其提供相关福利，而且对其言行进行约束。1951年，中华全国体育总会筹备委员会颁布了《国家体育选手条例》，即我国"等级运动员制度"的雏形。该条例明确了成为国家选手的条件、国家选手的权利和义务、对违反条例的选手进行处理的意见等。另外，当时高水平运动员的人员调动是国家采用行政指令的方式进行调配，按照相应的行政级别配置相应的待遇。

最后，从当时高水平运动员的培养来看，运动队的设定、人员配置、政治思想工作、训练、学习、比赛、运动员饮食起居等完全由国家负责。

至此，业余训练和专业训练在国家和地方层面形成了纵向人才培养与横向人才输送衔接的运动员培养体系，运动员的培养逐渐形成了国家出资培养的三级训练网络。

（三）竞技体育发展的道路

中华人民共和国成立之初，竞技体育参照了大量解放区的体育发展经验，采用多种运动内容和方法，结合不同形式的运动竞赛，推动大众参与竞技，在大众参与的基础上发掘高水平选手。竞技体育所走的是一条开放式、非专业化、均衡发展的道路，体现出人民广泛参与的特点。

首先，从当时竞技体育的管理机构设置来看，作为主管机构的青年团既非行政机构，又非体育专业机构，负责具体运作的中华全国体育总会筹委会为群众组织，这种行业系统外主管机构的设置、非官方化管理和运作的组织设计体现了一定的开放式管理的特点，自下而上的管理使不同行业精英议事、决事具有较好的组织保障。

其次，从运动员的培养来看，在1951年4月成立解放军体育工作大队前，高水平运动员完全在人民群众自发性、业余性的体育参与中产生。竞技体育与群众体育交融在一起，高水平运动员完全从基层群众体育活动中诞生，也并未设立专门的高水平运动员培养体系，体现了业余性、非专业化发展的特点。

最后，从当时体育发展战略的设计来看，体育运动的普及化、经常化、生活化成为当时包括竞技体育在内的各项体育工作的重心。同时，广泛开展了群众乐于参与、易于参与的现代竞技体育项目和传统民族体育项目。并未对体育运动项目进行差异性的政策或资金引导。因此，当时竞技体育与群众体育是同步发展的，各运动项目也是均衡发展的。

为了迅速摆脱在国际体育交往中的落后地位，我国开始大量学习、借鉴苏联及其他东欧社会主义国家的发展经验和技术，竞技体育逐步走上了一条专业的、非均衡发展的道路。

该阶段内我国体育科技处于起步与摸索的开创期，在大量借鉴苏联等社会主义国家发展经验和技术的基础上，逐步摸索体育科技的发展与创新的道路。虽然乒乓球、跳高等少数项目有技术创新，并取得了较好成绩，但总体来看，此阶段内并没有形成我国自己的运动训练理论体系，体育科技的开发与应用刚刚起步，体育科技服务于竞技体育的水平相对偏低。竞技体育的发展表现出一种摸索前行的阶段性特征。

五、中华人民共和国成立后竞技体育发展方式的特征

（一）发展的投资主体单一

中央政府和地方政府是此阶段竞技体育发展的唯一投资主体。中央财政投入绝大多数资金，地方政府投入部分资金，两者构成了竞技体育发展的全部资金来源。

（二）发展的资源配置手段单一

总体来看，此阶段采取的是以政府行政手段配置资源的方式。在计划经济条件下，政府垄断了竞技体育发展所需的资源，并按照国家需求分配资源。

（三）动员方式以政治动员为主

此阶段内以教练员、运员、管理者为核心的体育工作者具有高昂的政治热情和工作热情，政府主要采取政治动员的方式，激发人们的荣誉感和奉献精神，提高人们的工作热情。

（四）发展的组织与管理方式单一

竞技体育发展的组织管理机构主要是各级体育行政管理部门，各级体委主导竞技体育的发展。组织形式就是专业队体制，国家队 — 省体工大队 — 市体校代表队为代表的三级训练网络成为培养高水平运动员的有效途径。为了保证这种长期集训的组织方式的效果，大多采取的是封闭式军事化管理方式。

（五）发展的利益高度集中

这阶段竞技体育的发展追求国家利益至上，发展需求的满足聚焦在为国争光的需求上。

（六）发展的效益不高且追求的效益单一

这阶段单一主体的管理与运营方式在一定程度上降低了发展效率、缩减了发展效益。再加上体育科学研究在当时也处于起步阶段，理论和实践都处于摸索阶段，这也造成了运动训练相对粗放、运动员成材率低、伤病多等问题。

（七）发展的结构不均衡

为了迅速摆脱我国竞技体育的落后地位，我国的竞技体育实行了差异化发展，重点突破局部项目的赶超发展。这在造就我国优势项目的同时，也导致了我国运动项目发展的不均衡。

总的来看，在中华人民共和国成立之后，以 1951 年为节点，各发展要素选择的价值取向发生了变化，尤其在 1952 年后，更是产生了明显的差异。其变化的显著性特征是竞技体育逐步演变成以争优取胜为目的的精英竞技体育，发展的服务对象从大众变成小众，发展的核心价值追求变成为国争光。这种发展结构符合当时我国的国情和政治需求，不过与竞技体育服务大众的内在要求还有一定距离。

第三节　改革开放后我国竞技体育的发展

改革开放不但提升了我国经济发展水平，也促进了体育事业的发展，改革开放后我国竞技体育的发展也上升到一个新台阶。

一、改革开放后竞技体育发展的历史背景

（一）十一届三中全会的召开

1978 年 12 月 18 日召开的中共十一届三中全会是中国历史上的一个重要的转折点。其重要意义主要表现在几个方面：第一，十一届三中全会是一次拨乱反正的会议，它重新确立了马克思主义实事求是的思想路线，抛弃了"阶级斗争为纲"这个不适用于当时社会主义社会的口号，决定把全党工作的重点转移到社会主义现代化建设上来。第二，十一届三中全会是一次开创未来的会议，全会明确指出党在新时期的历史任务是把中国建设成为社会主义现代化强国，揭开了社会主义改革开放的序幕。第三，以十一届三中全会为起点，中国人民进入了改革开放和社会主义现代化建设的新时期。

从十一届三中全会开始，国家重新确立了马克思主义的思想路线、政治路线和组织路线。会议确立了以邓小平为核心的党中央，把今后党和国家的工作重点转移到社会主义现代化建设上来，揭开了中国社会主义改革开放的序幕。

（二）改革开放的提出

1978 年 12 月 13 日，邓小平在中央工作会议上发表《解放思想，实事求是，团结一致向前看》的重要讲话，指出了解放思想的重要性。改革的目的是重新确立了马克思主义实事求是的思想路线，把全党工作的重点转移到社会主义现代化建设上来。改革的方向是坚持市场取向，即把高度集中的计划经济体制改革成为社会主义市场经济体制。改革开放的提出大大提升了国家的经济水平，对国家的经济发展产生了十分积极的影响。

二、改革开放后的适度超前型竞技体育发展方式

（一）适度超前型竞技体育发展方式概述

在举国上下全面推进社会主义现代化建设的热潮中，中国的竞技体育顺应国家现代化快速发展需要，1979 年，国家体委确定了省一级以上体委在普及与提高相结合的前提下侧重抓提高的部署。后来，在国家体委给中央的请示报告中，提出了将加速提高我国运动技术的整体水平作为今后一个时期体育工作的主要任

务，从而确立了竞技体育适度超前发展的指导思想。同年 11 月 26 日，国际奥林匹克运动委员会恢复中华全国体育总会（中国奥林匹克委员会）的合法席位，中华人民共和国自此开始了奥运之旅。

为了提升中国在世界竞技体育的形象，适度超前发展的战略得到进一步的肯定与支持。1984 年 10 月 5 日，中共中央下发了《关于进一步发展体育运动的通知》，通知提出了"搞好项目的战略布局，集中力量发展优势项目，把那些短期能赶上世界先进水平的项目抓上去，争取在今后的重大国际比赛中，夺取更优异的成绩"的要求。

在适度超前的竞技体育发展方针指导，国家采取举国体制的办法，以适应与国家现代化经济建设快速发展相匹配的需要，集中了国家财力、物力、人力的有限资源，在较短时间里获取了诸多优异的运动成绩。举国体制下的适度超前型竞技体育发展方式为中国竞技体育带来了在世界舞台上的巨大荣耀，极大地激发了全国人民的爱国热情以及加快建设社会主义现代化的积极性。

（二）适度超前型竞技体育方式的弊端

改革开放后的头 10 年，中国竞技体育的发展方式以顺应中国社会加快现代化建设的需要、激发社会投入、以经济建设为核心的洪流之中为宗旨，在国家计划经济的举国体制下，通过集中优势力量、适度超前发展的方法取得扬我国威、鼓舞民心的成绩。但是，国家将公共体育大多数的资源投入竞技体育的优势项目，从而导致了竞技体育内部的发展失衡（非优势项目投入远远小于优势项目），以及国家公共体育资源配置远离大众体育，国家与省市级的体委工作过多地偏向竞技体育等问题。这个时期的竞技体育改革仅仅体现在适度超前发展的竞技体育内部利益关系的调整上，而竞技体育现存的计划经济体制及其经营机制没有得到根本的改变，适应社会主义市场经济的改革几乎处在原地踏步的状态。

（三）竞技体育发展的转折

1992 年 11 月中旬，国家以体委在广东中山召开了以学习邓小平同志南方谈话和中国共产党十四大报告精神、探讨以体育改革为主题的全国省市体委主任座谈会。会议最大的成果是将加快体育领域的改革作为今后工作的一个重点。体育领域的改革必须按照邓小平南方谈话精神和中国共产党十四大报告提出深化社会主义经济体制改革的要求以及当代体育发展的规律，对原有体育体制及其运行机制进行根本性的变革。

1. 奥运战略

1993 年，国家体委制定并下发了《国家体委关于深化体育改革的意见》（以下简称《意见》），提出了今后体育改革的工作重点：一是进一步改革体育行政管理体制，加快宏观控制能力；二是加快运动项目协会实体化步伐，建立具有中国特色的协会制；三是建立集中与分散相结合，多强对抗的训练体制；四是改革竞赛体制实行分级分类管理。围绕《意见》提出的改革要求，国家体委首先是将"奥运战略"作为竞技体育发展的中心目标，在继续采用举国体制的同时，对现行竞技体育管理体制进行了一些改革。第一，体育协会开始走向"前台"，国家与社会开始联手的竞技体育管理体制开始启动。国家体委首先设立了项目协会社团组织，即项目管理中心。政府从"前台"走向"后台"，将过去政府直接管理竞技体育项目的经营权授予项目协会，政府开始实施管办分离。第二，将市场机制引入竞技体育的竞赛制度之中，在确保奥运战略目标实现的前提下，提出竞技体育赛事多元化、市场化、社会化的指导方针，主张谁办赛事，谁出钱、谁负责、谁获利的竞赛管理原则，同时引入社会资本促进竞技体育职业化发展。第三是推行奥运项目与非奥运项目不同的分类资源配置管理体制，为我国民族体育走向世界、走向奥运奠定战略性发展基础。第四是竞技体育的人才培养体制开始探索市场化转让的交流机制，通过市场化机制的引入拓宽竞技体育人才培养渠道，以巩固一条龙式的"三级训练体制"。第五是竞技体育退役运动员的政府大包大揽制度开始"疲软"，即政府没有更多的能力保障退役运动员再就业，由此开始将一部分优秀运动员保送上大学深造，一部分由政府提供一定的失业费鼓励退役运动员再就业或创业，还有极少一部分人留在竞技体育领域做教练或行政管理人员。

2. 体育彩票的发行

20 世纪 90 年代，中国竞技体育开创了一个具有里程碑意义的发展方式，为中国竞技体育市场化资源配置开辟道路。1983 年，国家体委开始探讨在我国发行体育彩票的问题，尝试通过发行体育彩票为体育事业发展筹集资金。

1992 年，经国务院批准，原国家体委先后发行了第六届全运会、第一届东亚运动会、第一届农运会、第十一届亚运会等阶段性体育彩票，筹集了上述运动会的部分经费用于服务社会。1994 年，国家体委向国务院申请在全国范围内统一发行、统一印制、统一管理体育彩票。经批准，1994—1995 年度共发行 10 亿元体育彩票，筹集的 3 亿元资金主要用于补充第 43 届世乒赛等 13 项大型赛事的举办经费的不足。

1994 年 4 月 5 日，原国家体委体育彩票管理中心正式成立，经中国人民银行批准，原国家体委主任伍绍祖于 1994 年 7 月签署了国家体委《第 20 号令》，并予以颁布实施。这标志着我国体育彩票事业开始进入法制化、规范化的管理轨道，同时表明市场和社会已经成为中国竞技体育资源配置的另一个重要主体。

三、改革开放后竞技体育发展方式的特征

（一）政府地位提升

1978 年召开的中国共产党十一届三中全会做出了改革开放的重大决定，改革开放的核心是通过市场机制的引进，加速我国经济增长，发展现代化建设。为顺应我国以 GDP 高增长至上为核心的发展模式，竞技体育也将金牌至上作为自己的终极发展理念。为了实现这一理念，举国体制在这场宏大的改革浪潮中不但没有被调整或改革，相反，国家体委在原来体委机构设置基础上进行了强化其体制的改革，又增设了负责管理全国优秀运动队的发展和训练竞赛工作的综合管理部门，更加提升了政府独揽竞技体育资源配置与利用与再利用的统治地位。

（二）培养战略的不平衡

政府为贯彻奥运战略，采用了以金牌衡量体育成绩的政策。重点培养奖牌多的优势竞技项目，而对非奥运项目、奖牌少的项目减少投入。这种倾斜式项目发展形态虽然一定程度上能够满足为国争光、取得竞赛优异成绩的需求，但也造成竞技体育项目发展两极分化，使竞技体育资源配置与利用结构严重失衡。各级体育管理部门都围绕金牌配置公共体育资源，而在大众体育的推进方面收效甚微。

多年来，我国竞技体育队伍所形成了"金字塔"结构，但是其结构的比例失调造成竞技体育人才的利用效率低下。除竞技体育专项能力的资本投入巨大外，对运动员的自身综合能力的培养、运动员退役后的安置等问题都没有进行长远考虑。近年来，虽然政府加大了帮助退役运动员再就业的力度，但是，仅靠政府财政来解决竞技体育资源的再利用问题是极其困难的，因此，这就造成了当今中国竞技体育资源配置与利用的巨大浪费。

（三）竞技体育走向职业化和商业化

20 世纪 90 年代初，国家开始试行职业化改革，如国家体委改为体育总局，下设竞技体育司、运动项目管理中心、单项运动协会、职业运动俱乐部等管理机构。

随着中国经济体制改革的深入，体育运动职业化和商业化的改革出现了一些新的发展趋势，即我国体育竞赛实行了俱乐部制改革，这一改革促进了职业体育俱乐部的进展，以协会为核心的体育社团组织在推进竞技体育资源市场化配置与利用方面具有了一定的空间。

由于协会依附于政府，项目管理中心掌控着职业体育俱乐部的资源配置与经营，体育社团组织或俱乐部不具备真正意义上的独立市场法人主体，导致俱乐部的发展受到了诸多条件的限制。尽管如此，20 世纪末期竞技体育资源配置与利用的改革，在进一步推进中国竞技体育发展方式转型，提升体育社团组织替代政府"划桨"的职能，担负起科学、合理配置与利用竞技体育资源历史使命等方面仍产生了重要的促进作用。

（四）竞技体育管理法制化

《中华人民共和国体育法》的颁布标志着中国竞技体育运用法律手段管理竞技体育事务、调节竞技体育内外利益关系，法制化的调控竞技体育的运行机制由此进入一个崭新的时代。这是这一时期竞技体育发展方式的一个重要特征，它为竞技体育在多元化利益主体共存的情况下依法推进管理体制和运行机制改革，以及中国竞技体育治理体系和治理能力现代化的建设提供了必不可少的条件，同时使具有中国特色的竞技体育发展方式的改革有了更加坚实的保障。

（五）竞技体育市场化

中国竞技体育市场化配置资源开始打破政府长期独揽竞技体育资源配置的垄断地位。市场成为政府举国体制之外合法配置竞技体育资源的又一个潜力巨大主体，它为竞技体育发展方式的创新提供了前所未有的力量，极大地拓宽了竞技体育的融资渠道，并为竞技体育的诸多项目提供了政府所难以做到的资金帮助与支持，有力地促进了中国竞技体育在 20 世纪快速登上世界奥林匹克金牌榜的前三位的发展道路。

但是，需要看到竞技体育资源配置与利用的体制与机制改革只是刚刚拉开帷幕，以举国体制为核心的旧的竞技体育管理体制和运行机制与我国市场经济体制的改革发展相吻合、相适应还会受到由于利益冲突而导致的种种阻碍。因此，中国竞技体育发展方式的变革在 21 世纪还需要紧紧跟上国家经济社会转型发展的步伐，主动适应中国社会大环境的变化，这样才可能使中国竞技体育取得更大的发展。

第四节　21 世纪后我国竞技体育的转型探索

21 世纪后，我国无论是国际影响力还是经济实力都得到了大幅度提升，在国际中亮相的机会越来越多，这为我国竞技体育事业的发展提供了一个良好的环境，我国竞技体育在这一时期开始不断探索并积极促进自身转型。

一、21 世纪中国转型发展的历史背景

（一）中国加入世界贸易组织

进入 21 世纪，中国的改革力度日益加大，极大地促进了社会经济的发展和国家综合实力的增强。2001 年 12 月 11 日，我国正式加入世界贸易组织（WTO），这为中国经济走向世界开辟了一条宽广的大道，为中国未来长期战略利益的实现提供了历史性的机遇与挑战。自此，我国在国际经济舞台上拥有更大的发言权，这对巩固我国经济体制改革的成果，并以 WTO 规则为参照，有力推进我国市场经济的健全和完善具有长远的战略意义。

（二）科学发展观的提出

2003 年 10 月 11 日至 14 日，中国共产党第十六届中央委员会第三次全体会议召开。这次会议要求全党要充分认识肩负的历史责任，自觉适应社会主义市场经济发展的新形势，改革和完善领导方式和执政方式，不断学习新知识、研究新情况、解决新问题，继续探索社会主义制度和市场经济有机结合的途径和方式。

全会明确提出，坚持以人为本，树立全面、协调、可持续发展的科学发展观。

在这样的背景下，中共中央、国务院于 2002 年下发了《关于进一步加强和改进新时期体育工作的意见》，其中指出国家要以筹备和举办 2008 年奥运会及残奥会为契机，进一步加强和改进新时期体育工作，并分 6 个部分对我国 21 世纪体育工作做出了明确规定：第一，充分认识体育在经济、社会发展中的重要地位和作用；第二，新时期发展体育事业的指导思想、工作方针和总体要求；第三，大力推进全民健身计划，构建多元化体育服务体系；第四，全面实施竞技体育发展战略，进一步提升我国竞技运动水平；第五，继续深化体育体制改革，促进运行机制转变；第六，切实加强对体育工作的组织领导。其中，关于全面提升我国竞技体育的发展水平的具体措施如下：第一，坚持和完善举国体制，重视体育科技工作；第二，调整项目结构，完善项目布局；第三，深化我国体育管理体制改革，实行管办分离；第四，深化运动项目管理体制改革，分期分批进行单项协会实体化改革等。这一文件对于我国竞技体育全面深入地贯彻科学发展观，并将科学发展的内涵思想在新时期转变竞技体育发展方式的改革中加以全面体现。❶

（三）奥运会的举办

在全面推进与落实新时期竞技体育改革的影响下，2008 年的第 29 届奥运会上，中国队参加了 28 个大项、262 个小项的比赛，获得奖牌总数达到了 100 枚，其中有 51 枚金牌、21 枚银牌、28 枚铜牌，金牌榜位列第一，奖牌榜位列第二。中国竞技体育在奥运史上谱写了全新的历史篇章。

北京奥运会后，胡锦涛同志在 2008 年奥运会表彰大会上提出了"我们要坚持以增强人民体质、提高全民族身体素质和生活质量为目标，高度重视并充分发挥体育在促进人的全面发展、促进经济社会发展中的重要作用，实现竞技体育和群众体育协调发展，进一步推动我国由体育大国向体育强国迈进"的时代要求。

二、21 世纪对竞技体育的探索

（一）竞技体育发展中存在的缺陷

中国的竞技体育虽然取得了辉煌的成就，但我国在一些基础项目、大球项

---

❶ 于文谦：《竞技体育学》，人民体育出版社，2010，第 62 页。

目、冬季奥运会项目上都与世界体育强国有比较大的差距。因此，中国竞技体育要想实现可持续发展，就必须认真考虑影响与制约竞技体育发展方式的体制与机制的深层次问题。在中国由体育大国走向世界竞技体育强国的道路上，最值得人们关注的问题是如何进行体制与机制的改革。其中"举国体制"下的竞技体育发展方式应该如何改革，这是中国竞技体育改革的关键。

（二）竞技体育转型的探索路径

在现实中，竞技体育资源配置与利用的改革面临着许多利益关系的现实矛盾和问题，如不同主体的利益诉求不同、多元化利益权重不同、市场配置资源机制不完善、传统配置利用的影响未消除等。现阶段我国的竞技体育管理体制是处在以政府主导的旧"举国体制"向新"举国体制"的过渡之中，作为利益主体的体育社团组织、企业、个人其功能尚未充分发挥。俱乐部改革仍在试点阶段，企业只能与竞技体育行政部门合作，未能作为主体参与资源配置，社会办体育的积极性不高，市场和社会资金投入竞技体育事业潜力虽大，但没有体制与运行机制的保障，这些巨大的潜力也难以发挥功效。

为了加速扭转这一局面，2013年11月8日党的十八大报告再次指出："深化改革是加快转变经济发展方式的关键。经济体制改革的核心问题是处理好政府和市场的关系，必须更加尊重市场规律，更好发挥政府作用，要按照建立中国特色社会主义行政体制目标，深入推进政企分开、政资分开、政事分开、政社分开，建设职能科学、结构优化、廉洁高效、人民满意的服务型政府。"2013年11月12日，中国共产党第十八届中央委员会第三次全体会议通过了《中共中央关于全面深化改革若干重大问题的决定》，会议提出："要紧紧围绕使市场在资源配置中起决定性作用，深化经济体制改革，坚持和完善基本经济制度，加快完善现代市场体系、宏观调控体系、开放型经济体系，加快转变经济发展方式，加快建设创新型国家，推动经济更有效率、更加公平、更可持续发展。要坚定信心，打胜全面深化经济体制改革和加快转变经济发展方式这场硬仗"。

2013—2014年，民政部门关于事业单位法人制的改革中提出，为贯彻落实党的十八届二中、三中全会精神，适应深化行政审批制度改革的要求，要保障公民、法人和其他组织的知情权和监督权，进一步规范对事业单位的监督管理。事业单位法人制度的改革简化了程序，提高了效率，促进事业单位各项工作公开、透明，回归公益属性，顺应国家改革的步伐，加速体育社团组织作为竞技体育资源配置与利用主体的体制及其市场化运行机制改革，已成为中国经济社会转型新常态下的最强音。

2015 年，国务院发布《中国足球改革总体方案》，围绕着足球改革的各项工作开始实施。其中的内容主要包括调整改革中国足球协会，改变中国足球协会与体育总局足球运动管理中心"两块牌子、一套人马"的组织构架，使中国足球协会与体育总局脱钩，扩大其自主权。改革完善职业足球俱乐部建设和运营模式，实行政府、企业、个人的多元投资。

足球改革初步解决了竞技体育资源配置与利用的经营管理体制和市场化运行机制问题。让足协和国家体育总局足管中心政社分开，使足协作为独立社团拥有决策权力，理顺了足协和联赛之间的关系、国家队选才、青少年培养等关系。对于根治政府体制壁垒，弥补市场的缺陷，提升竞技体育资源配置与利用的效率产生里程碑意义。随着足球改革不断提高，其他项目的改革与实践完善也需要提上行程。

必须看到，这个划时代意义的改革才拉开改革帷幕，如何解决与协调好以项目协会为核心的体育社团组织与政府、社会、市场利益关系的矛盾，是推进这场改革的关键。其中构建以项目协会为核心的体育社团组织，明确它的"责"（资源配置的理念与目标）、"权"（支配资源的能力与配置的结构）、"利"（利益如何界定），以及制约与调控体育社团组织的社会规范（相关的法律与社会监督制度）如何配套完善等问题还有待研究。体育社团社会化与市场化运行机制的科学化、标准化、制度化、规范化、法制化、效率化等保障与调控措施有待构建。

推进中国竞技体育发展方式的改革，加快竞技体育的举国体制内涵与市场化机制改革，使其担负起促进公共体育资源配置效率、质量、公平、社会稳定的全面提升，实现"金牌战略"与"全民健身战略"目标。中国竞技体育资源配置与利用的体制与机制的改革所面临众多问题还有待解决，中国以项目协会为主体的体育社团组织配置与利用体育资源的竞技体育发展方式的改革任重而道远。

三、21 世纪中国竞技体育发展方式的特征

进入 21 世纪以来，随着我国经济体制改革的不断深入，变革计划经济以实现资源配置的均衡化和利用效率的最佳化，已成为社会主义经济体制改革及其社会经济发展方式转型的任务与使命。所以，为主动顺应我国经济社会转型发展的新常态，党的十八大报告中提出："经济体制改革是全面深化改革的重点，核心

问题是处理好政府和市场的关系，必须更加尊重市场规律，使市场在资源配置中起决定性作用。"更新竞技体育发展方式，是解决竞技体育资源配置效率、公平、稳定与可持续发展问题的根本出路，也是进入 21 世纪中国竞技体育转变发展方式的思想基础与逻辑起点。这个时期，中国竞技体育的发展呈现出以下几个方面的特征。

（一）科学发展观是中国竞技体育转变发展方式的指南针

科学发展观本质是以人为本，促进人与人、人与社会、人与自然之间的全面协调可持续发展，它的根本方法是统筹兼顾，即既要促进社会经济的发展，又要促进人类赖以生存与发展的生态环境以及人类的文化协调同步发展。科学发展观的宗旨是从人民群众的根本利益出发谋发展，不断满足人民群众日益增长的物质文化需要，切实保障人民群众的经济、政治、文化权益，使发展成果惠及全体人民。科学发展观为 21 世纪中国各行各业的发展指明了前进的方向，它对我国以"举国体制"的"金牌战略"为核心，竞技体育超前发展，大众体育与学校体育发展滞后模式来说，是指引我国体育事业重归体育原点，摆脱"一头重，一头轻"的失衡体育大国形象转向协调共进、全面发展的体育强国的一座灯塔，使 21 世纪的中国体育开始步入了体育生态现代化光辉道路。

2008 年北京奥运会后，一个追求多样文化价值共存、社会多样利益主体共同参与、社会不同机制共进的竞技体育发展方式越来越受到社会的关注与支持，竞技体育发展方式开始向资源节约型、资源循环型的竞技体育发展方式转变。当然，这样的竞技体育发展特征不仅发生在中国，而且整个世界的竞技体育发展方式都在朝向体育生态现代化目标迈进。

（二）多方利益的冲突影响改革效果

中国竞技体育发展方式的改革可以说是从 1993 年国家体委公布《关于深化体育改革的意见》以及建立 14 个运动项目管理中心正式组建开始的。经过近 5 年的努力，竞技体育运动项目的管理模式由全部政府一手包揽逐步向社会转移，同时 68 个单项竞技体育协会的全部组织工作也转由新组建的 20 个体育运动项目管理中心来承担。举国体制的"政府管理型"体制向"政府 — 社会结合型"的体制转变，即政府体育行政主管部门向事业化协会实体管理或法人制体育社团实体组织管理转变。

当一部分权力转移到体育运动项目管理中心之后，以前协会与行政部门合二为一的变种，并未使协会真正走向实体化，行政力量仍是其运转的主要动力。运动项目管理中心实质上是政府的一种外派结构，有人称之为中国竞技体育的"第二政府"，它掌控着竞技体育发展的"舵"，又划着竞技体育实际运行中的"桨"。由此可见，竞技体育运动项目协会依然是有名无实的一个空壳。

改革初期设定的"管办分离"，体育社团组织实体化的法人制竞技体育发展体制的改革目标未能成为现实。因此，这样的改革是"换汤不换药"。而导致这种现象的根本原因是改革牵扯到诸多利益主体的利益，盘根错节的多样利益关系及其利益链条制约着改革。这种利益关系从纵向层次看，国家、集体和个人的利益关系是一个"国家—集体—个人"的"直线式"与"服从式"的纵向利益关系。只讲个人利益服从集体利益、集体利益服从国家利益，忽视了三者的利益格局和利益关系。部门、行业和地区之间几乎没有什么横向利益关系，只有内部利益关系的存在，这些利益主体在对待竞技体育的发展方面呈现出一种十分被动的状态，只履行一种执行指令性命令或计划的职责，即竞技体育的运行是在计划的轨道上进行的。

由于利益权重集中在竞技体育的纵向体系内，而横向体系的体育社会群体组织、体育产业组织、体育公益社会服务组织等很难获得较多的利益。在计划经济的举国体制保护下，作为"第二政府"的运动项目管理中心及其利益链条就自然形成了一个固化的利益整体。他们不希望改革打破他们长期以来形成的利益，这个利益包括国家供给的体育事业的经费以及干部与一般行政管理人员、教练员、运动员的工资和福利。由此一来，中国的竞技体育发展方式的改革就很难有序推进。

当然，这个时期的竞技体育发展方式特征并不是孤立的，它与中国社会整体改革步伐是几乎同步的。举国体制下的竞技体育利益格局及其发展方式，实质上是这个时期社会经济社会发展方式及其社会利益分配格局的反映。这样的利益格局，缺乏社会进步的动力及其社会利益配置生态化的基础，因而它很难适应社会生产力的发展和社会转型发展的时代要求。改革与推进竞技体育纵向与横向利益关系均衡化发展，形成竞技体育发展合力，改变竞技体育发展方式改革疲软的现状，已经成为中国竞技体育转型发展的当务之急。

（三）中国足球改革掀起竞技体育发展方式再度变革的巨浪

中国足球改革涉及管理机构重新设计、职业俱乐部建设、完善竞赛体系、校园足球、社会足球、人才培养、国家队建设、场地建设管理、完善投入机制等内容。其中改革的重心可以概括为三点。一是体制改革。体制改革标志着中国足协和国家体育总局基本完成了"脱钩"，即减少过去的过多的行政干扰和行政命令，中国足协成为一个名副其实的独立法人组织。二是机制改革。足球机制改革重点是坚持市场化，积极引进民间资本共同发展足球产业。主要是通过市场机制解决民间资本进入足球市场，同时构建市场的准入机制、竞争机制、保障机制、监督机制、民主评价机制、市场秩序和市场自律制度等，从而保障民间资本在中国足球的改革大潮中受益，使市场机制更好的发挥作用。三是摆正政府的责、权、利，大力发展足球产业。改革后的中国足球协会并不是"独立王国"，它必须接受法律的制约和政府合法的干预。政府也不是由此成为"甩手掌柜"，它必须承担起为市场化足球改革保驾护航的责任。同时，政府还要构建一批保障职业化足球和全国足球社会化发展的政策，如加大财政投入政策、成立中国足球发展基金会、加大彩票公益金、加快足球产业开发政策、建立足球赛事电视转播权市场竞争政策等，以保障中国足球有序健康的发展。

2014 年 10 月 20 日，国务院下发《关于加快发展体育产业促进体育消费的若干意见》，《意见》指出："把全民健身上升为国家战略，把增强人民体质、提高健康水平作为根本目标，把体育产业作为绿色产业、朝阳产业进行扶持，强调向改革要动力，向市场要活力，力争到 2025 年，体育产业总规模超过 5 万亿元，成为推动经济社会持续发展的重要力量。"

从中央改革领导小组第十次会议审议通过的《中国足球改革发展总体方案》和国务院下发《关于加快发展体育产业促进体育消费的若干意见》这两个重要文件中可以看出，构建决策层面重视国家体育事业的可持续发展，国家拉动内需，促进国家产业结构调整，并对国家经济新的增长点给予重点扶持，这说明 21 世纪竞技体育将成为国家振兴民族文化、提升现代化发展质量和人民生活水平及其健康质量、促进国家经济社会转型发展与强国梦实现的重要路径，这对我国竞技体育发展方向、发展内涵、发展方式的转变具有重要指导意义。

人类的一切变革和进步都是为了获取有限的资源，以及最大限度地提高资源的利用效率，从而满足不断发展的需要为宗旨和目标。中国社会经济的转型发展及其相对应体制机制的改革实质上是围绕这一宗旨和目标而展开。在这个历史性转变刚刚拉开帷幕的时候，中国的竞技体育发展方式的创新与改革必然要与我国社会经济转型发展的新常态相匹配，即把资源的合理配置与循环利用作为核心来推进国家管理体制与经营机制及其相关制度的改革，这是一个不容置疑的发展趋势。

（四）中国竞技体育发展方式的改革任重而道远

尽管中国竞技体育的外部环境有利于改革的推进，同时以中国足球为先导的竞技体育发展方式的改革也为中国整个竞技体育的发展方式提供了范式，但长期存留下来的计划经济发展方式下的举国体制及其运行机制还有较强的影响力与制约力。因此，竞技体育市场化资源配置体制与经营机制、循环经济理论与实践在竞技体育领域的普及还存在许多利益关系及其相应的政策以及规范上的缺陷需要完善与改革。

竞技体育发展方式的改革不是简单的竞技体育经济投入方式、竞技体育资金利用方式、竞技体育效应评价方式的改革，即竞技体育经济运行方式和资源配置方式转轨无法反映制度变化的复杂性。经济社会转型在本质上是经济社会结构的系统性变革，是一个体制、制度与机制的大规模变迁，需要一个能涵盖全部竞技体育可持续发展问题的完整理论框架才能揭示其以资源配置与利用效率为核心的发展方式改革的内涵与外延。

竞技体育发展方式的改革和转型要改变原有那些与市场经济体制、经济组织、经济关系和经济行为相背离的东西。这样的改革不仅是一种资源配置方式的改变，更是一种社会结构和制度的改革。从竞技体育经济活动的主体角度来说，这是一个功利化、平等化、契约化、自主化、自由化的过程。从竞技体育的经济运行机制的角度来说，这是一个商品化、价值化、资本化的过程。从竞技体育的经济行为规则角度来说，它又是一个规范化、秩序化、标准化、信用化、法制化的过程。竞技体育发展方式的改革以社会经济结构及其社会制度为核心，同时又渗透和延伸到法律、道德、文化、观念等经济社会关系的方方面面。而要解决好这些问题，对于改革全面展开的竞技体育发展方式的改革来说任重道远，尤其是要从循环经济的视角探索我国竞技体育发展方式的改革路径，更是一项极大的挑战。

第三章

他山之石：国外竞技体育的发展经验

一些发达国家在长期的实践探索中已经形成了完善的竞技体育体系，具有较为成熟的发展经验，这些发展经验对于我国竞技体育的发展具有一定的借鉴意义。基于此，本章即对国外竞技体育的发展经验展开全面、深入的探讨。

第一节　体育大国竞技体育的历史发展

一、竞技体育制度历史演变

（一）竞技体育发展的起源

具备组织性的体育运动，在 19 世纪被教会当作树立基督教价值观的方式而被倡导，之后则被视为能够有效解决社会问题与健康问题的方式而被提倡。虽然工具性的体育观念已经深深地扎根于人们的意识里，但是人们依旧坚定地将业余体育与职业体育相区别，直到 20 世纪 50 年代末，业余性的迟缓降低有效强化了课堂与体育参与间的关联，并影响了公立学校和公立学校体育课程的内容。与此同时，体育运动与体育教育里存在着十分明显的性别区分。在体育主流话语中，女性与男性的体育教育都是分开进行的。即使是青年服务，也是由男性定义，年轻女性受到关注的程度极低。在信仰和价值观的深层结构中，还存在长期以来对国际体育组织的蔑视。在体育发展的形成期，即 20 世纪 50 年代中期到 20 世纪 70 年代中期，深层结构的蔑视、工具主义、性别和阶级等因素仍然存在。

（二）竞技体育发展体系（ESD）的形成

竞技体育的发展已日益成为许多国家政府体育政策和与体育发展有关活动的共同特征。这样的发展态势和政府日益干涉体育政策议程制定的趋势密切相关，竞技体育发展体系（ESD）也由此发展而来，它在世界上很多发达国家逐渐流行起来。总体而言，虽然美国大学制度相较于其他地方较早地发展出这种制度的许多特点，但就政府资助和政府主导的竞技体育发展系统而言，前东欧国家是其发展的关键。第二次世界大战结束后，民主德国和苏联相继开发了 ESD 系统，这很好地推动了其在奥运会上取得成功。后来，ESD 系统迅速为其余国家（如联邦德国、英国、美国和澳大利亚等）模仿，逐渐形成了如今的 ESD 体系。

最接近 ESD 的系统性组织在 20 世纪 50 年代出现于苏联和德意志民主共和国。在德意志民主共和国，对于 ESD 的投资是通过透明而又层次分明的决策过程完成的。但是当大量的资金涌向体育领域的情况出现后，这种政策便受到了巨大的挑战。与此同时，苏联是首个认同天赋在体育运动中的地位的国家，他们为运动员提供系统的培训与专业的教练，这一注重运动科学和职业教练的模式很快传播到了德意志民主共和国。事实上，这种在东方集团国发展起来的精英体育发展方式最后为西方国家的精英体育发展模式提供了模板。

德意志民主共和国在奥运会中取得的不成比例的巨大胜利，也使其他国家对其体育运动体系备感好奇。例如，加拿大运动员在 1976 年蒙特利尔奥运会中的表现十分勉强，这迫使政府冒险采用联邦德国的方法。在此以后，加拿大为了发展竞技体育，政府对体育运动特别是奥运会项目投入了大量资金。

美国在 1972 年的奥运会赛场上表现糟糕，加之苏联运动员取得了优异的成绩。所以美国在之后一段时间都在关注精英体育政策。1975 年，福特总统建立了奥林匹克总统委员会，研究如何补贴体育爱好者并选择一条具有美国特色的体育发展道路。到了今天，美国仍坚持精英体育机构中的"去政府化"，这依赖于一个充满竞争的、完善的、与高中和大学结合的体系。

美国的成功，促使澳大利亚发展这种在非社会主义国家最受赞美的运动体系。1976 年奥运会的失利被视为促使澳大利亚发展运动的直接动力，这使澳大利亚的国家体育政策从对群众体育的支持明显地转向对精英体育的支持。对体育人才的发掘、对运动科学的关注成为澳大利亚体育运动体系的重点。

20 世纪 90 年代中期之前，英国始终在探讨是否应当对精英体育的发展表示支持，且并未获得明确的答案。奥克利和格林认为，让英国效仿其他国家的做法具有较大的难度，并且体育项目的发展一定要以本国国情为前提，这不但是事关学院的事项，也和全世界的 ESD 政策具有一定的关联。如果各国之间的 ESD 政策高度相似，各国精英体育政策的差距在资金、运动员天赋、精英体育产业发展等方面的差距会逐渐缩小。格林和霍利亨认为，逐步增加的全球竞争促进了各国采取不同策略，目的是使自己和对手有所区分。为了维持甚至提高自己的体育成绩，他们被动地对对手做出一定的回应，因而更为青睐于做出相近的决策。

总之，ESD 体系的发展历程和全球人类社会的发展历程有关，这个体育制度发展历程的概述让人们不仅感受到全球化过程中的统一趋势，而且提醒人们也要注意不可避免的分歧化趋势。

二、奥运会奖牌榜历史演变

奥运会奖牌数的多少是衡量一个国家竞技体育成就的重要指标。基于此，现对 1952 年赫尔辛基奥运会到 2022 年北京奥运会英国、美国、德国、法国与澳大利亚的奖牌榜历史演变进行对比，以此来分析各国竞技体育的发展状况。

（一）夏季奥运会奖牌

从表 3-1 中可见，自 1952 年赫尔辛基夏季奥运会开始，英国、法国参加了全部的夏季奥运会；美国为抗议 1979 年 12 月苏联入侵阿富汗，总统卡特联合近50 个国家拒绝参加 1980 年莫斯科奥运会，加拿大也是其中之一；德国由于第二次世界大战结束后分裂为民主德国和联邦德国，直到 1990 年两德统一，情况较为复杂，不能简单相加，因此 1956—1988 年的数据按缺失处理。

表 3-1　1952—2021 年夏季奥运会 5 国具体金牌数 ●

各届夏季奥运会	英国	美国	德国	法国	日本
1952 年赫尔辛基	1	40	0	6	1
1956 年墨尔本	6	32	—	4	4
1960 年罗马	2	34	—	0	4
1964 年东京	4	36	—	1	16
1968 年墨西哥	5	45	—	7	11
1972 年慕尼黑	4	33	—	2	13
1976 年蒙特利尔	3	34	—	2	9
1980 年莫斯科	5	—	—	6	—

● 数据来源：奥林匹克官网 /www.olympic.org/[引用时间 2022-3-22][发布时间 2021-10-10].

续表

各届夏季奥运会	英国	美国	德国	法国	日本
1984 年洛杉矶	5	83	—	5	10
1988 年汉城（今首尔）	5	36	—	6	4
1992 年巴塞罗那	5	37	33	8	3
1996 年亚特兰大	1	44	20	15	3
2000 年悉尼	11	37	13	13	5
2004 年雅典	9	35	13	11	16
2008 年北京	19	36	16	7	9
2012 年伦敦	29	46	11	11	7
2016 年里约	27	46	17	10	12
2021 年东京	22	39	10	10	27

由表 3-1 可知，美国具备最为强悍的体育综合实力，取得的金牌数目明显高于其他国家，即使去掉在 1984 年洛杉矶奥运会获得 83 枚金牌的异常值（苏联以安全因素为由，联合民主德国、波兰等 18 个国家和地区没有参加 1984 年洛杉矶奥运会），获得的金牌数也始终较高，而且波动不大，整体态势较为稳定。

德国在战后分裂为两个国家，在 1952 年参加赫尔辛基奥运会的是联邦德国（西德），就金牌数量来说成绩不佳；但 1990 年两德统一后，在 1992 年巴塞罗那奥运会上，德国金牌数为 33 枚，只比美国少 4 枚，同时远远超过了英、法两国。实际上，尽管处于分裂时期，但德国的竞技体育实力依旧十分强大，如 1968 年墨西哥奥运会上，民主德国获得金牌 9 枚，联邦德国获得 5 枚；1972 年慕尼黑奥运会上，民主德国获得 20 枚金牌，联邦德国获得 13 枚；1976 年蒙特利尔奥运会上，联邦德国单独斩获了 40 枚金牌，甚至超过了美国。近年来，就金牌数来说，德国顶尖竞技体育水平呈现下降趋势，且下降较为明显，但在 2016 年里约奥运会上略有回升。

英国作为老牌强国，就金牌数来说，1956—1996 年这段时间中，其顶尖领域的竞技水平一直处于不瘟不火。而 1956 年之前，英国的金牌数一般在 10 枚左右，值得注意的是在 1908 年伦敦奥运会上获得 56 枚金牌，远超美国（23 枚）；然而从 1928 年阿姆斯特丹奥运会开始，金牌数缩减到 4 枚，这与陷入第二次世界大战致使国家综合实力下降有关系，而美国正是从第二次工业革命开始崛起，综合实力在"二战"之后走向顶峰。然而近年来，区别于德国的情况，英国在奥运会上的竞技体育水平不断提升，其在悉尼、雅典、北京奥运会上金牌数逐渐恢复到两位数水平，而在 2012 伦敦奥运会上达到 29 枚，这种优异表现固然与其东道主的优势有关，但也证明英国近年来综合实力的确在提升。事实上，从近些年来金牌数的趋势看，英国和德国这两个趋势完全相反的国家是很好的研究案例。

从表 3-1 可以看到，法国在 1952 年到 1996 年的 12 届奥运会之间，顶尖竞技体育水平实际上比英国略高。而自从 2000 年悉尼奥运会上英国水平开始恢复后，尽管法国的金牌数也比 1996 年之前增加近 50%，但是英国逐渐呈现一种赶超的趋势，2000—2008 年的 3 届奥运会上，英国平均金牌数为 13 枚，法国为 14 枚；而伦敦奥运会上，英国 29 枚，法国仅 11 枚。银牌数统计在一定程度上可以印证金牌数分析得到的结果，美国仍然是数目最多的国家。而德国在1992—2004 年的银牌数一直超过除美国外的其他三国，表明其竞技体育水平确实十分高超，然而也表现出十分明显的下降趋势：1992—2008 年银牌数目一直呈现下降趋势，直到 2008 年北京奥运会被英法两国超过。当然，2012 年伦敦奥运会上银牌数的增加也许说明这种下降仅仅是一种暂时现象，实际上 2016 年里约奥运会银牌数又回落到 10 枚，但是在分析英法两国时，情况发生了变化。从表 3-2 可以看到，在 1952—1988 年，从银牌数来说，英国反而一直略高于法国；但是 1992 年后，双方呈现纠缠的态势，处于势均力敌的状态。结合金牌部分的分析（1988 年前法国略高于英国），可知英法竞技体育水平相当，但自 2000 年悉尼奥运会后，英国竞技水平逐渐超越法国。

表 3-2　1952—2021 年夏季奥运会 5 国具体银牌数 ●

各届夏季奥运会	英国	美国	德国	法国	日本
1952 年赫尔辛基	2	19	7	6	6
1956 年墨尔本	7	25	—	4	10
1960 年罗马	6	21	—	2	7

●　数据来源：奥林匹克官网 /www.olympic.org/［引用时间 2022-3-22］［发布时间 2021-10-10］.

续表

各届夏季奥运会	英国	美国	德国	法国	日本
1964 年东京	12	26	—	8	5
1968 年墨西哥	5	28	—	3	7
1972 年慕尼黑	5	31	—	4	8
1976 年蒙特利尔	5	35	—	3	6
1980 年莫斯科	7	—	—	5	—
1984 年洛杉矶	11	60	—	7	8
1988 年汉城（今首尔）	10	31	—	4	3
1992 年巴塞罗那	3	34	21	5	8
1996 年亚特兰大	8	32	18	7	6
2000 年悉尼	10	24	17	14	8
2004 年雅典	9	40	16	9	9
2008 年北京	13	38	10	16	6
2012 年伦敦	17	28	19	11	14
2016 年里约	23	37	10	8	8
2021 年东京	21	41	11	12	14

同样，铜牌数分析与上述相同，在此不做赘述（表 3-3）。

表 3-3　1952—2021 年夏季奥运会 5 国具体铜牌数 ●

各届夏季奥运会	英国	美国	德国	法国	日本
1952 年赫尔辛基	8	17	—	6	2

● 数据来源：数据来源：奥林匹克官网 /www.olympic.org/［引用时间 2022-3-22］［发布时间 2021-10-10］.

各届夏季奥运会	英国	美国	德国	法国	日本
1956 年墨尔本	11	17	—	6	5
1960 年罗马	12	16	—	—	7
1964 年东京	2	28	—	6	8
1968 年墨西哥	3	34	—	5	7
1972 年慕尼黑	9	30	—	7	8
1976 年蒙特利尔	5	25	—	4	10
1980 年莫斯科	9	—	—	3	—
1984 年洛杉矶	21	30	—	16	14
1988 年汉城（今首尔）	9	27		16	7
1992 年巴塞罗那	12	37	28	16	11
1996 年亚特兰大	6	25	27	15	5
2000 年悉尼	7	29	26	11	5
2004 年雅典	12	29	18	13	12
2008 年北京	15	36	15	17	10
2012 年伦敦	19	29	14	12	17
2016 年里约	17	38	15	14	21
2021 年东京	22	33	16	11	17

（二）冬季奥运会奖牌

与夏季奥运会明显不同，冬季奥基本都是冰雪项目，所以各个国家竞技体育运动水平呈现出较为显著的变化。首先应当表明的是，与前述相同，德国的情况较为复杂，1956—1968 年，两德在奥委会的斡旋下以德国联队的形式参加奥运会，然而在 1972—1988 年，又分裂为民主德国和联邦德国两支队伍分别参加奥运会，这种复杂性也许是奥委会的官方数据直接将这时段的德国数据定义为"缺失"的主要原因。实际上，德国在冬季项目中表现出十分卓越的竞技水平，其重要性是不容忽视的。

就金牌数来说，各国冬季项目竞技水平在实力特点与变化趋势方面较为显著地表现为三个阶段。第一阶段（1952—1968 年），5 国冬季项目竞技水平相差不大，尤其值得注意的是，德国此时处于联队时期。第二节阶段即 1972 年到 1988 年的 5 届冬奥会，分为民主德国和联邦德国的德国竞技水平明显提高，并全面超越了其他四国，居于领跑地位。有趣的是，如果细看德国分裂时期，就会明显发现德国金牌总数的增长主要来自民主德国，尤其在 1980 年，民主德国获得 9 枚金牌，而联邦德国毫无收获。这种差别背后必然存在一定原因，也许这个原因正是提高冬季项目体育竞技水平的重要因素，因而值得我们进行进一步的研究。第三阶段为 1988—2022 年，虽然德国直到 2006 年仍旧是 5 国中金牌数最多的，然而自 2002 年以来，其降低的趋势十分显著，这在一定程度上印证了之前夏季奥运会分析中"德国近年来竞技体育水平下降"的结论，结合德国在夏冬奥运会中表现可以得知，德国近年高水平体育竞技的确有值得完善之处。然而最具有关注价值的是 1988 年起美国的迅速崛起，这也许说明 20 世纪末以来北美地区在冬季项目体育竞技中某种模式或者政策的胜利。

五国银牌的变化趋势在一定程度上印证了之前关于三个阶段划分的重要性。1952—1968 年（第一阶段）美、德、法三国冬季项目竞技水平相差不大，加拿大长久处于稳定时期。然而从 1972 至 1988 年（第二阶段），分裂为民主德国和联邦德国的德国竞技水平明显提高，全面超越了其他四国，同时具体来看仍然是民主德国占多数，这种优势同金牌一样一直延续到了 2006 年。1988—2022 年（第三阶段）德国出现剧烈震荡，并在近年处于下降趋势，2018 年平昌冬奥运会及其以后有所回升，其在 2018 年平昌冬奥运会与 2022 年北京冬奥会中皆获得 10 枚银牌。与此同时，美国和加拿大（北美地区）迅速进步，美国在银牌方面具有优势，在 2022 年北京冬奥会中获得 10 枚银牌。最后，三个阶段中英国表现一直较为低迷，而法国近年有所进步，在 2022 年北京冬奥会中获得 7 枚银牌，相较于 2018 年平昌冬奥运增加了 3 枚银牌。

同夏季奥运会的铜牌一样，冬奥会的铜牌数目与之前的结论相差不大，然而稍微有些特殊的是，通过铜牌数可以比较明显地看出法国近年来冬季项目竞技体

育水平一直在提升，但是英国则表现不明显。●

第二节 美国竞技体育的发展方式

一、美国的竞技体育教育体系

（一）中学竞技体育 —— 美国高中运动联盟

美国高中运动联盟（NFHS）是一个由成员自行管理的非营利合作机构，包括 50 个州及哥伦比亚特区高中运动与艺术协会。此外还有 8 个校际协会，即加拿大行政区的阿尔伯塔、英国的哥伦比亚、马尼托巴、新不伦瑞克、新斯科舍、安大略湖、魁北克和塞斯喀彻温。另外，作为其独立的协会还有关岛校际体育运动协会、克鲁斯校际体育运动协会、圣托马斯和圣约翰校际协会、密歇根州校际法医协会、威斯康星州高中法医协会、威斯康星校音乐协会、佛罗里达校音乐协会和衣阿华高中音乐协会、衣阿华女子高中运动联盟等教育活动倡导部门等。

美国高中运动联盟通过国家办公室把联盟的市场运作、各种会议和校际活动的教育功能有效地整合在一起。

1. 理念

联盟校际活动的宗旨在于推动完美的中等教育理念，它是一种社会力量，力求在优良的教育氛围里推动学生身心的发展，让学生塑造正确的价值观念，获得强烈的成就感。

参与活动可以让学生获得更加强烈的社会责任感，学生对自身学校与队友担负起的责任也让其深刻地意识到自己存在的意义与价值，感受到良好的体育精神，从而有效强化自我奉献精神与乐观精神。作为参与者，他们乐于接受他人、自尊自律，以及学会了在为群体或集体目标履行义务的过程中独立思考的能力。

● 于洪军、陈攀攀：《西方国家体育政策：理论、方法、趋向》，清华大学出版社，2021，第 205 页。

与此同时，在活动开展过程中，他们认识到竞争的本质，意识到时刻为竞争做好充分准备的重要性。

联盟会员的任务在于保证使学校投资的竞赛项目成为社区、联盟、地区的教育计划中一个重要组成部分，在竞赛管理规则的约束下，通过各成员的共同协商，联盟将继续发展壮大。接着，联盟成员会给予更多数量的校际活动参与者更加多样的机会与更加充分的支持，其中心任务便是维持并有效提升高中校际活动水平，且在活动过程中对参加的成员学校做出尽可能全面的管理与指引。

美国高中运动联盟认为保持与其他运动员组织的良好合作关系至关重要。这种优良的关系能够确保计划全面、有效的实施和参与者资格的合法性，并且可以对全部参与的组织和个人提供一定的益处。联盟会员的首要任务是通过校际体育及其他活动推动学生身心健康发展，让其获得更加强烈的幸福感与道德意识，并始终坚持将维持公平竞争与公民意识作为最高的理念。

教育的主要任务之一是教授参与者必要的技能，使参与者有能力为社会作出贡献，增强归属感。

2.服务纲要

美国高中运动联盟既是活动的服务者又是组织的管理者，在为各州协会服务的前提下，还肩负着指导各州比赛的任务。以下是NFHS的一些服务计划，各种活动和服务的详细信息均包含在NFHS活动与服务手册中。

NFHS官方协会：官方教育大纲、保险、全国奖励计划、全国高中联盟官方季刊。

NFHS教练员协会：保险、全国奖励计划、NFHS教练员培训计划、NFHS教练员季刊。

NFHS道德协会：全国会议、保险、全国奖励计划、NFHS教练员季刊。

NFHS音乐协会：保险、全国奖励计划、出版物。

NFHS演讲、辩论和戏剧协会：保险、全国奖励计划、出版物。

NFHS组织的全国会议：夏季会议、冬季联盟理事会会议、橄榄球规则会议、法规会议、NFHS峰会、演讲、辩论和戏剧指挥会议、全国辩论主题选拔会、年度音乐会、艺术类会议（如演讲和辩论顾问委员会会议、全国辩论主题选拔等）。

NFHS合作伙伴：教育领导社团、全国校际比赛管理者协会、全国学校运动协会、全国高年级大学生运动协会、全国校际运动协会、美国奥林匹克协会、各单项体育协会、青少年运动组织、全国中级教育协会、全国初级教育协会、女子运动基地、运动商品制造协会、全国运动商品组织、全国运动商人协会、职业运动组织、国会/联邦机构、全国音乐协会、全国演讲和辩论协会，全国精神组织，全国运动医学组织、运动联盟成员组织等。

NFHS 合作伙伴计划：教育服务、公民道德与体育道德相关材料及训练、教练员培训计划、联盟裁判员培训计划、全国高中活动周、辅导课活动研究、宣传健康生活方式计划、兴奋剂教育等。

出版物：今日高中、NFHS 音乐协会杂志、辩论教育家、辩论季刊、球场和运动场图示指南、NFHS 运动医学手册、大学生运动员指南、赛前大会设施、全国高中运动记录册、NFHS 统计员手册。

职业协会服务：保险福利、风险管理、教育计划、在线服务（测试/注册等）。

全国计划服务：安全损伤预防资料、赛场/运动场管理计划、各州法规计划、国际法规计划、年度高中运动参赛调查、辅导活动价值的调查与研究。

各运动项目服务：

棒球：规则手册、案例选集、裁判员手册、简化/图示规则手册、细目规划、幻灯片、翻译人员会议、相关考试。

篮球：规则手册、案例选集、官方手册、手册、简化/图示规则手册细目规则、幻灯片、规则变化公告、翻译人员会议、相关考试。

曲棍球：规则手册、相关考试。

橄榄球：规则手册、案例选集、官方手册、手册、简化/图示规则手册、主题规则、幻灯片、裁判变化公告、安全公告、翻译人员会议、相关考试。

男子体操：规则手册、相关考试。

女子体操：规则手册、幻灯片、翻译人员会议、相关测试。

冰球：规则手册、相关测试。

男子长曲棍球：规则手册/案例选集、相关考试。

足球：规则手册、案例选集、裁判员手册、幻灯片、翻译人员会议、相关考试。

短跑：规则手册、翻译人员会议、相关考试。

游泳、跳水、水球：规则手册、幻灯片、翻译人员会议、相关考试。

排球：规则手册、案例选集/官方手册（结合）、幻灯片、规则变化公告、翻译人员会议、相关考试。

摔跤：规则手册、案例选集 / 官方手册（结合）、幻灯片、规则变化公告、议员会议、相关考试。

（二）大学竞技体育 —— 大学生体育联合会

在美国，大学开展校际体育竞赛的时间已经较为悠久，它最初只是校际自发组织的竞赛活动，而后逐渐演变为如今较为完善、系统的竞赛组织体系。哈佛大学与耶鲁大学于 1852 年举办的划船比赛是史上记载的首次美国大学校际体育比赛。大学生体育联合会（The National Collegiate Athletic Association，NCAA）是美国大学竞技体育的管理机构，它成立于 1906 年 3 月 31 日，属于自发性的非官方性质的社会群众团体，其前身为全美大学校际体育联合会（Intercollegiate Athletic Association of the United States，IAAUS），是为减少大学橄榄球比赛的严重暴力行为和伤害事件，并规范校际竞赛活动而成立的，当时共有成员 62 名。因此，有专家称橄榄球为"NCAA 之父"，高等教育为"NCAA 之母"，正是两者在特定时间和环境下的有机结合，催生了 NCAA 这一目前全美最具影响的大学竞技体育管理机构。1910 年，IAAUS 正式更名为 NCAA，它的总部位于印第安纳州首府印第安纳波利斯。除 NCAA 外，还有大学校际体育竞赛联合会（The National Association of Intercollegiate Athletics，NAIA）等一些规模较小的大学校际体育组织和团体。

美国大学校际体育竞赛活动能够获得良好的发展，其中一个重要原因便是大学校际体育竞赛已经被归入学校教育体系。学校认为举办校际体育竞赛能够有效娱乐师生的身心，让学校获得更高的声誉，对学生产生一定的吸引力。美国高校在竞技体育人才培养体系有较为显著的系统性与单一性。以学校为中心，凭借着小学、中学与大学的业余训练构成一个完善的训练体系，通过健全的组织管理机构，运用法律手段，制定规章制度来管理大学生体育活动，并通过丰厚的奖学金吸引体育人才，形成了一个可持续发展的竞技体育人才培养体系。

1.大学生体育联合会项目设置

美国大学生体育联合会的比赛按照运动项目的季节特点分为春季项目、秋季项目和冬季项目三大类，根据项目的季节特点合理安排竞赛日程。

美国大学生体育联合会共设置 24 项竞赛，其中秋季的比赛项目有 6 项：越野赛、曲棍球、橄榄球、足球、女子排球和男子水球。冬季的比赛项目有 10 项：篮球、击剑、健美操、冰球、射击、滑雪、室内田径、摔跤、游泳和跳水。

春季的比赛项目有9项：棒球、高尔夫球、长曲棍球、赛艇、垒球、网球、室外田径、男子排球、女子水球。考虑到竞赛市场的要求，有些项目因性别不同被划分到不同的季节中，如排球，女子排球属于冬季项目，而男子排球则属于春季项目。有些项目因场地的不同，同样被划分到不同的季节中，如田径，室内田径属于冬季项目，而室外田径则属于春季项目。

另外，各大学在设置运动项目时主要根据学校自身的特征与传统来确定。通常运动项目被划分成三种不同的类型，橄榄球属于第一类。在美国大学众多的竞技项目里，橄榄球占据着十分崇高的位置，橄榄球为大学体育提供了绝大部分的收入来源，这就是为什么在I级内部进一步划分I-A级、I-AA级和I-AAA级三个级别的缘由。篮球、棒球、冰球属于第二类，此类项目在校园中受欢迎程度高，拥有广阔的市场前景，能够通过自身维持生计。最后一类的观赏性并非十分突出，而是为了达到项目设置数量的标准，或是应付教育法关于性别比例的需要而设置的，这类项目借助自身获得良好的生存发展的可能性较低。

2.大学生体育联合会竞赛类型

美国大学竞技体育经过长期的发展，构建起了一套较为健全的竞赛体系。在美国大学竞技体育的竞赛中，竞赛种类繁多，大致能够划分为下列几种不同的类型。

第一，全国锦标赛。这是美国大学竞技体育最高级别的锦标赛（有些项目是季后赛）。这类比赛是专为那些最好的成员学校的运动队设立的，它是国家级别的比赛。

第二，联盟内学校间的比赛。该比赛由各联盟负责组织联盟内成员学校的比赛，确定竞赛办法，举办联盟锦标赛。

第三，区域联盟之间的比赛。该比赛由美国NCAA下属许多联盟共同举行，这些联盟之间可按照NCAA的章程、管理制度来组织联盟之间的竞赛。

第四，大学生队与校友队之间的比赛。这是为募集经费举办的比赛。因为NCAA成员学校每年接受校友们的资助，所以这些大学每年都举办一次与校友之间的体育竞赛。

此外，一些大学时常和其他大学共同组织邀请赛与友谊赛等体育竞赛，通过这种方式取得更加丰厚的经费。

美国NCAA每学年都要举办上述几种比赛，有些集体项目实行了联赛制，有些项目则采用单项运动会的赛会制。然而不管采用何种形式，美国大学竞技体育的竞赛类型与数目繁多。

二、军队体育管理体系

1947年，美国成立了体育协会情报局，负责海军、陆军、空军年度锦标赛，国会还同意每年为其拨发12.5万美元作为训练费。第二次世界大战后，美国退伍军人法规定，士兵可以通过政府补贴进入大学，这些士兵的参与促使竞技体育焕发出新的活力。1955年，国会授权武装部队参与国际体育竞争，并在备战奥林匹克四年期间提供800万美元的经费。军队推行了大量的措施，增添军人运动员。1997年，成立美国军队制订了世界水平运动员计划，该计划决定让更多军人可以参与奥运会与残奥会。2007年，美国军队推出了受伤战士计划，给受伤战士参与残疾人竞赛的机会，并且由军队将支付运动员的注册费和交通费等。

美国军队世界水平运动员计划的目标由2005年的"为战士提供高参与美国奥运会队伍的机会"变为2011年的"为杰出的军人运动员提供支持和训练，使他们在国家和国际赛场上成功，引领美国的奥林匹克和残奥会"。由于军队对竞技体育给予了极高的关注，大量的运动员乐意应聘至军队部门，以发展其体育技能。此外，军队与美国安委会（USOC）合作，USOC防卫部门将一些体育项目作为武装部队的体育项目，这让美国军队人员获得一定的时机参与训练，且在国际赛场上进行比赛，武装部队因此还举办了相应的锦标赛与国家锦标赛。❶

另外，警察也是美国竞技体育人才的重要来源。20世纪中期，6个警察运动联盟组成一个协会，随后不断发展壮大。警察联盟之间的竞赛大部分是在同城的年轻人之间开展，由协会为会员提供资助。2000年，美国成立反兴奋机构，该机构是非营利性的非政府组织。上述各种组织的成立与合作，共同推动了美国竞技体育的进步。

三、职业体育体系

在职业体育联盟中，职业体育俱乐部是十分重要的构成部分。关于职业竞技

---

❶　张晓琳：《中美竞技体育管理体制与运行机制的比较研究》，北京体育大学，2011，第49-50页。

体育的形成时间和发源地，西方学者一般认为，大体上可推至 18 世纪 60 年代的工业革命，并以英国为诞生地。

发生于英国的工业革命促进了英国经济的繁荣，使职业竞技体育的确立获得了良好的经济条件。

18 世纪和 19 世纪，这种依赖于赛事公平、观众支持和志愿者管理体系的俱乐部体制，已经成为欧洲体育运动中成功的组织管理方式，而在 18 世纪，这个管理方式随着英帝国的扩张传输到了美国。但这种在欧洲大陆盛行的俱乐部体制在美国的发展不尽如人意。俱乐部制度在美国最大的障碍在于缺乏拥有支持俱乐部制度的贵族传统，以及其对体育运动的支持和合法化。

美国内战结束后，棒球成为美国大众所欢迎的体育运动项目。刚开始时，棒球也按照俱乐部制度建设，由俱乐部组织比赛、租用场地并邀请其他俱乐部参加比赛。赛事主要依赖于赞助，但因为赞助的不稳定经常导致联赛缺乏稳定性，于是一个赛季中时常可见球队的成立、瓦解和改革。1869 年，美国成立了第一支职业运动队 —— 辛辛那提红袜棒球队。1876 年，威廉·赫伯特发起创建了由 8 支球队组成的全国联盟，从而取代具有各种问题的运动员控制的联盟，它是首个由俱乐部所有者控制的联盟，也被认为是第一个真正意义上的职业体育联盟。

因此，美国职业体育联盟是英国俱乐部制度与美国国情相结合的产物，是与美国特定的社会经济文化和职业体育发展背景等环境因素相适应的结果。

（一）联盟内部治理模式

联盟治理模式旨在确保联盟各方利益不受损害，避免单独企业的机会主义行为导致联盟败落，进而采取一些激励、约束与控制机制。从时间顺序来看，联盟的治理包括事前治理机制与事后的治理行为。前者主要包括联盟前伙伴的选择、联盟缔结所选择的治理模式以及合作协议的设计与拟定，而后者主要包括在联盟过程中的协调沟通、冲突解决与目标控制等机制。联盟的治理不仅表现出一种静态的结构因素，如联盟的治理模式和联盟签订的合作协议，更表现为一种动态的行为因素，如联盟过程里持续的协调、交流和控制。依据交易费用理论的观念，为了取得最大化的个人利益，个人在社会经济交往过程当中常常会采取信息隐藏等机会主义行为，导致比较高昂的信息费用，造成交易的阻碍。相似地，因为存在信息费用，企业选取一家能力突出且值得信赖的合作伙伴具有较大的难度，通常需要凭借一些特殊的渠道予以开展。

1.事前治理模式

美国职业体育联盟事前治理模式采取的是通过多方协议而建立起来的合作关系，是各俱乐部业主在对契约认同的基础上建立起来的一种事前治理模式。联盟对一些基本规章都有事前的约定，从而有利于联盟成立之后的良好运作。

2.事后治理模式

联盟的事后治理模式指的是治理联盟所表现出来的组织结构形式。职业联盟的最高权力机构是董事会，董事会的成员通常为各职业队的业主或者业主的代表，他们皆为联盟成员，担负着重大问题的决策，包括选择职业联盟的总裁。联盟重要的事项需要获得全部俱乐部负责人的同意。

董事的主要职责和任务如下：① 监督和审议财政预算；② 评估总裁的工作；③ 联盟制订战略计划；④ 确定联盟的中心问题；⑤ 代表联盟处理相关重要问题；⑥ 受理和审议诉讼；⑦ 召开代表大会；⑧ 授权立法表决和投票；⑨ 确定职业队的数量及其合理分布；⑩ 决定运动员的合理分配和流动；⑪ 确定比赛规则，决定比赛日程；⑫ 与全国性的电视媒体谈判，出售电视转播权并分配收入；⑬ 处理与商业活动有关的事务，负责全面经营活动；⑭ 和运动员工会进行劳资谈判。

（二）美国职业体育联盟的特殊制度

1.选秀制度

业余运动员选秀大都是依据前赛季名次的逆序开展的：如果一个俱乐部的名次靠后，那么它可以优先选择运动员。联盟设置该政策，旨在有效强化竞争平衡。

选秀制度源于 1934 年，当时两只 NL 球队 —— 老布鲁克林道奇和费城鹰队为明尼苏达大学的全美运动员克斯塔克相互竞标，"投标战"把工资推向令人难以置信的 5000 美元。接下来的联盟聚会上，费城鹰队的业主贝尔提出一个十分巧妙的方法以达到规避未来出现该种矛盾的目的：他建议通过允许球队挑选与允许运动员自由签约的权利，让球队获得对这些运动员的垄断权。表现最糟糕的球队能够在选秀名单里进行最优先的选择，这是使所有联盟将选秀作为保持竞争性平衡的关键方式。

业主辩论说需要选秀来维持竞争性平衡，而运动员则视其为对他们自由选择雇主的进一步限制。运动员希望把自身的服务出售给出价最高昂的雇主，而不愿意在步入职业联盟初期便被联盟的垄断权束缚。从联盟方面进行考虑，当保留条款借助合同把运动员长时间约束于某个球队时，尚未签约的运动员仍具有自由的身份，对未签约运动员的竞争给了他们在自由市场上运作一次的机会。联盟最终通过制定一个球队挑选合格运动员的年度选秀活动填补了这个漏洞，从而将其垄断权延伸至那些从未参与过职业联赛的运动员身上。

2. 收入分享制度

竞争平衡主要取决于联盟俱乐部财政力量的比较。俱乐部收入主要来自门票销售和电视转播费，主要成本是运动员工资、场馆租赁或建设费用、管理费用。观众人数主要决定于市场规模和俱乐部比赛以往记录。既然俱乐部都是位于特定城市中，其前途就部分依赖于城市，以及联盟怎样在俱乐部之间进行收入分配。全国范围的电视转播收入在四大联盟的各个俱乐部都是平均分配的。支持收入分享的人认为规定能够让市场份额较小或者经济条件较差的俱乐部政策获得明显的改良，增强和富有俱乐部竞争的能力，使联盟竞争处于平衡状态。而且，既然没有客场球队比赛无法进行，支持收入分享的人主张地方电视转播收入也要在联盟内分享。反对收入分享的人认为，联盟不应当惩罚能够取得更多经济收入的球队，正好处于大城市的球队没有理由受到处罚。而且，收入分享还会引起"搭便车"行为，既然收益相差不大，俱乐部就没有动力为继续提升实力而努力。

3. 工资帽与奢侈税

工资帽与奢侈税既是联盟针对俱乐部的行为，也是联盟针对运动员的行为。工资帽是在 20 世纪 80 年代出现的，它最早是作为 NBA（美国篮球职业联盟）里自由代理的平衡物。工资帽是对俱乐部可以支付给运动员工资的最高数额做出的限制，目的在于维持联盟的竞争平衡。若是缺乏工资帽，经济条件优越的俱乐部也许会把联盟自由转会运动员都买走。若是球队薪水册上的数额并未多于工资帽，球队可以和一名自由转化运动员签约，这便让经济条件良好与经济条件不好的球队获得了平等的机会。工资帽具有"软帽"与"硬帽"的区别：NFL（美国国家橄榄球联盟）的工资帽是"硬帽"——没有任何理由可以让俱乐部薪水册的数额超过最高限额；NBA 的工资帽是"软帽"——俱乐部可以在某些情况下超过最高限额的规定。工资"软帽"的基本目的在于保护自由运动员停留在当前的球队里。一名自由转会运动员长期服务于一支球队，备受球迷的喜爱，他乐意继续为这支球队服务，俱乐部也愿意留下他，然而由于工资帽的限制，该运动员无法获得一个工资数目庞大的雇佣合同。基于该情形，工资"软帽"便允许俱乐部和自己的自由代理运动员续签而无须考虑工资帽。工资帽的这个例外是在 1983 年的协议中提出来的，当时波士顿凯尔特人队薪水册上的资金不得不用来续签它的超级明星拉里·伯德。对工资帽的修正就以"拉里·伯德例外"而著名。NBA 在 1998—1999 年赛季的罢工后，运动员接受了新的工资帽，它给球队设定了限制，也根据服务期为所有个人运动员设定了工资范围。

奢侈税的规定如下：附带契约规定用来保证运动员的总工资不超过篮球相关收入（BRI）的指定比例，如果运动员的工资超过了制定比例，他们的部分工资（不超过 10%）就要归还给业主；但是，当运动员工资过高，附带契约规定不能将联盟范围内工资控制在指定范围时，部分俱乐部就要向联盟缴税，也就是所谓的奢侈税。当联盟范围内运动员工资和津贴超过 BRI 的一定比例时，奢侈税机制就被触发；当联盟范围内运动员工资和津贴超过这个比例时，没有球队需要交纳奢侈税，不管单个球队具有多么高昂的薪水册数额。当奢侈税被触发之后，所有高于奢侈税规定数额的球队都应当进行缴税。为了不使俱乐部最终的运动员工资数额刚刚超过奢侈税限制，联盟有一个"预警规定"，预警的上限是 BRI 的 65%。如果俱乐部超过奢侈税上限但低于预警的上限，那么接受的惩戒要明显轻于超过预警上限的惩戒。预警规定在决定联盟奢侈税的分配中被应用。联盟奢侈税的分配如下：低于奢侈税上限的球队可以分享完全的份额（1/29）；高于预警规定上限的球队得不到任何联盟奢侈税资金；超过奢侈税上限但低于预警上限的球队获得的金额介于 0 美元到完全份额之间，这样取决于其在奢侈税上限与预警上限间的比例；另外，不是全部的联盟奢侈税资金都需要根据以上的公式进行分配。这些规定说明，NBA 采用奢侈税的基本原理是，既然这些开销繁多的球队应当为运动员的高薪负责，那么它就有将差异补齐的职责。

4. 准入制度

联盟对俱乐部的数量是有限制的。在北美，通过两种途径可以拥有联盟内的俱乐部：一种途径是购买联盟内已经存在的特许经营俱乐部，这需要支付俱乐部价值和前投资者的成本；另一种途径是购买联盟扩张的球队，这需要支付给联盟现有的俱乐部入会费，获得和它们比赛竞争的权利。

限制球队的数量和地理位置，赋予业主们一个可靠的门票收入和媒体收入来源。联盟通过设定区域半径来实施领地独占权，在区域半径以内，联盟的任何其他成员都不能占有。例如，NFL 的每个球队都被赋予了对一块以其主场体育馆为圆心，以75英里为半径的区域的独占权。职业体育联盟的独占权并不是绝对排除其他球队，但是一支球队进入另一支球队的领地，就必须支付给现有球队补偿金。

允许新球队进入联盟对现有会员既有收益也有损失：收益在于联盟可以让新加入者交纳一笔入会费；损失在于球队一定要和另一个成员进行收入的分享。新球队还缩减了其最近邻居的地理市场，并且在与它们目前的主场城市谈判时降低了现有成员运用那个城市作为议价筹码的能力，这使成员球队获得了牢牢把控球队方位与数量的动力。球队间分享的收入越多，联盟从阻止球队自行选址中获得的经济收益越大，进行可靠重新选址的威胁就越多。当俱乐部成员这对这些收益予以平分时，其拥有最大的动力保证所有球队获得最大化的利润。如果联盟中的某个球队拥有丰厚的利润，新球队就要加入，当利润超过正常回报率，就能确保市场对消费者需求作出反应。潜在的新进入者这个威胁对价格和利润不断施加向下的压力，避免这种压力的愿望赋予原有球队阻止新球队进入联盟的动力。如果潜在业主不能进入联盟，就会存在创造一个新联盟的动力。20世纪60年代，许多美国橄榄球联盟球队的最初业主就是一些不能购买到NFL球队的富人。新建立的联盟和原有联盟会展开激烈的竞争，造成全部俱乐部的利润降低，最后通常是一个联盟以失败告终，而幸运存活下来的联盟则会引进失败联盟原有的部分球队。整体的结果便是联盟规模的扩大，造成全部俱乐部利益与各个俱乐部利益达到新的平衡状态。

联盟还限制俱乐部的重新选址，其实这也属于联盟限制进入行为的范畴。近几十年来，NBA、NL、NHL重新选址的球队很多，而MLB却只有几支球队改变地址，这是因为MLB享有反垄断豁免权。❶

---

❶ 池建：《竞技体育发展之路——走进美国》，人民体育出版社，2008，第316页。

第三节　德国竞技体育的发展方式

一、俱乐部体制

（一）俱乐部体制发展概况

1.体育俱乐部的定义

2003年版的《体育科学辞典》将体育俱乐部定义为："具有以下5个特点，即会员自愿加入、运作不依靠政府、定位于会员的兴趣、民主的决策机制和大量兼职人员的社会组织。"另一种比较通俗的定义为："体育俱乐部是俱乐部的一种，它的目标是使体育爱好者去运动场或使用体育器材的愿望得以实现。体育俱乐部都要组织会员参加比赛或联赛，并努力在比赛或联赛战胜其他俱乐部。"上述两种定义从不同的视角传达了体育俱乐部的内涵，第一个定义注重的是体育俱乐部的组织结构特征，第二个定义则传达出体育俱乐部存在的价值。

在德语中有关协会和俱乐部的词汇有6个：Club、Gemeinschaft、Verein、Vere-inigung、Verband 和 Bund，翻译成中文都有俱乐部、协会、联合会的意思，在实际的运用中，Club、Gemeinschaft、Verein、Vereinigung 一般指的是具体的协会或俱乐部，如拜仁慕尼黑足球俱乐部，而 Verband 和 Bund 指的是更高级别（城市、地区、国家）的体育联合会，如德国体育联合会和联邦州体育联合会。

2.体育俱乐部的功能

德国体育的发展与其体育俱乐部有十分紧密的关联，不管是竞技体育、群众体育还是学校体育，都需要体育俱乐部的充分支持。本书讨论的重点是体育俱乐部与竞技体育的关系，因此先将体育俱乐部与以下三个方面的关系做一个简要的说明。

在竞技体育方面，德国没有类似中国的省、市专业队，国家队也不是常年集训，因此体育俱乐部是其培养和提供运动员的源头，这些运动员平时在自己所处的俱乐部里接受训练，只有参与比赛时才会汇聚于一处。可以这样认为，体育俱乐部具备的大量会员、项目的普及有效保障了德国竞技体育维持着较高的水准。

在群众体育和全民健身方面，德国体育俱乐部发挥着关键的作用，因为目前德国大多数体育俱乐部都是大众健身俱乐部，即便是职业俱乐部，其中也有很多普通会员。这些会员只要缴纳一定金额的会费，便能够合理地使用俱乐部运动设施增强自身的体魄，并作为俱乐部的成员参与到不同级别的联赛里，在深刻感受运动趣味的同时达到健身的目的。

德国的体育俱乐部在学校体育方面同样有重要的作用。德国中小学放学时间较早，许多家长都会选择一个体育俱乐部让孩子在课后参某个运动项目的训练，这对学校体育教学是一个有益的补充。对于大学生而言，体育俱乐部的重要性更为突出。因为德国的普通大学没有体育课，大学生参加体育锻炼主要是通过参加体育俱乐部来实现的。

3. 德国体育俱乐部面临的问题与挑战

近年来，由于社会环境和体育市场变化的影响，德国的体育俱乐部也面临一些问题和新的挑战，主要表现在以下几个方面。

（1）会员结构变化

德国是一个出生率降低的国家，其人口结构比例的变化也导致了俱乐部会员结构的变化。另外，随着社会的发展，妇女对体育锻炼的需求也逐渐增加，在德国生活的外国人的比例已接近10%。这些因素使俱乐部必须想办法满足人们的需求。

（2）项目供给结构变化

在体育市场格局不断变化的情况下，德国体育俱乐部占据的核心地位正面临着残酷的考验。如今，市场上能够为人们提供体育锻炼机会的机构较为多样，不仅包括传统的体育俱乐部，一些国家机构和社会团体也为其员工提供体育锻炼的场所，此外还有各种营利性的体育锻炼场所，如健身中心、度假中心、康复中心、培训中心等。对于德国体育俱乐部而言，通过何种方式和这些商业体育机构保持良性的竞争，是德国体育俱乐部面临的新挑战。

（3）兼职人员减少

俱乐部的兼职人员是支撑俱乐部运行的一个重要因素，而近年来由于俱乐部的工作尤其是大型俱乐部的事务性工作逐渐增多，并且在社会不断进步的情况下，俱乐部的工作需要达到更高的水准才可以满足会员的需要，这也导致兼职人员胜任工作的难度越来越大。然而，若是聘请更多的专职工作人员，一定会使俱乐部耗费更多的资金，在财政上形成很大的压力。因此，如何鼓励更多的会员从事义务工作，从而减轻俱乐部的财政压力，是所有俱乐部尤其是大型俱乐部面临的一个难题。

（4）财政困难

不依靠政府是德国体育俱乐部运行的一个重要标志，这主要通过会员缴纳会费和聘用兼职人员来实现，而随着社会发展，越来越多的俱乐部将面临财政上的困难，主要原因如下：会员对俱乐部的要求越来越高，使俱乐部的运营成本增加；青少年会员的比例较高，使俱乐部的会费收入受到限制；广告收入和赞助收入越来越少。这些因素使得俱乐部的收入减少，而且如果单纯靠提高会员会费来增加收入，会带来会员流失等问题，因此，如何提高会费以外的收入是解决俱乐部财政困难的关键。

（5）运动场馆问题

现有的运动场馆中，除私人拥有的以外，所有国家投资修建的体育场馆都可以供俱乐部使用，这实际上是国家对体育的一种隐形资助。德国自 1960 年推出"黄金计划"之后，修建了大量高质量的体育场馆，为体育俱乐部的发展提供了良好的条件。如今，这些场馆与设施变得愈发陈旧，在维修资金、噪声与环保等因素的制约下，旧场馆的开放与新场馆的修建都受到了或多或少的影响。

（二）体育俱乐部对德国竞技体育的影响

1.以俱乐部体制为基础的德国竞技体育管理模式和特点

德国竞技体育体制建立在俱乐部体制的基础之上，从青少年运动员的选材、培养到国家级运动员的管理、训练，都通过俱乐部体制来实现。为了对这些体制的运作流程与管理模式形成更为清晰、全面的认知，接下来从竞技体育在整个体育体系中的位置和运动员成长培养的过程这两个角度展开分析。

和体育运动关联的部门与组织主要包括官方机构和非官方机构。在官方的管理机构中，国家层面（内务部）主要负责全国范围内的竞技体育和军队体育等，同时给 DOSB（德国奥林匹克体育联合会）提供经费和政策等各方面的支持；联邦州层面则要全面负责学校体育、竞技体育和群众体育的发展，竞技体育只是其工作内容的一部分；而地区和城市的政府部门（体育局）主要负责的就是场馆建设。所以，并非和体育相关的全部政府部门都管控着竞技体育，并且政府的级别越低，其掌握的事项越少。在非官方机构中，竞技体育主要由 DOSB 及其下属的各专项协会来管理，2006 年以前，德国体育联合会和德国奥委会还是两个独立的组织，2006 年 5 月合并为德国奥林匹克体育联合会，成为管理竞技体育的最高组织。

再看运动员的培养过程，在德国如果要成为职业或国家级运动员，大致要经历四个阶段。

首先，在幼儿园或中小学期间加入一个体育俱乐部，开始接触和尝试体育运动，这是一个必然会历经的过程，并且由此开始就一直属于某一个俱乐部，所以全部的运动员的运动生涯皆始于俱乐部。该时期的体育活动完全是业务性的，不会对学习造成影响，主要通过家长提供资金支持。若是缺乏良好的运动天赋，便一直待在俱乐部中开展体育训练，成为一名业务爱好者，这也是大部分人的状态。

其次，如果有运动天赋，被各种形式的选材计划选中，则有两种途径可以进行更为系统的训练：或者进入各州的训练基地和体校，或者进入更好的俱乐部。在这个阶段并没有脱离学校教育，因为不管在俱乐部还是在体校训练都不是全时的，若是由于受伤、生病或者其他因素无法继续接受训练，还能够回到学校里继续接受教育。这个阶段的训练经费由州政府和俱乐部来支持。此外，德国体校数目并不是很多，而且很多是与各州的训练基地或与俱乐部相结合，其训练对象主要是青少年。

再次，通过一定时间的训练，达到更高水平以后，基于项目的差别，这些运动员要么进入国家级训练基地，要么进入更高级别的俱乐部。德国拥有大量的国家级训练基地，这些训练基地用于夏季项目与冬季项目的训练。并不是所有的项目都有训练基地，数量最多的为田径、游泳、皮划艇、体操、排球、曲棍球、摔跤、赛艇和射击等项目。这些训练基地往往也是和俱乐部相结合或者设在俱乐部里，训练对象为国家级运动员、州级运动员和部分有前途的青少年运动员。不管在何处接受训练，这些运动员属于特定俱乐部的身份始终是明确的，他们主要依靠政府与俱乐部提供资助。

最后，在历经更为激烈的竞争以后，少量最优异的运动员发展为职业选手或国家级运动员，进入顶级职业俱乐部或奥林匹克训练基地。德国的奥林匹克训练基地主要具备管理与指导的作用，并不存在确切的训练任务，管理对象为国家级运动员，其训练还是在俱乐部或国家训练基地中进行。这些职业或国家级运动员的资助来源主要包括政府、俱乐部和竞技体育基金会，其中竞技体育基金会是成立于1967年的一个非营利组织，其目的是以额外补贴的形式资助国家级的运动员。

总体而言，德国竞技体育体制表现出下列几个鲜明的特征：①政府主要通过投资建设运动场馆和训练基地以及资助高水平运动员来支持竞技体育，其中很多国家级或州级的训练基地都是与俱乐部合作的，从而推动俱乐部的繁荣；②竞技体育的管理主要通过奥林匹克体育联合会和各专业体育协会来进行；③运动员的职业生涯从俱乐部开始，青少年在参与训练的同时并未彻底丧失接受教育的机会，其经费主要是由俱乐部与政府提供的；④成年运动员属于某一个俱乐部，在俱乐部或国家训练基地中训练，平时代表俱乐部参加比赛，同时代表国家参加国际比赛，由国家、俱乐部和竞技体育基金会共同提供资助。由上述特征能够发现，一名运动员的成长都需要体育俱乐部提供的有力支持，并且德国奥林匹克体育联合会原本便是一个带有自我管理性质的协会组织，因此德国的竞技体育体制是名副其实的俱乐部体制。

2. 俱乐部体制的利弊

根据德国统一以后竞技体育的发展情况，能够发现俱乐部体制在促进竞技体育发展的层面有利有弊。其优点主要体现在下述几个方面。第一，能够确保体育事业的协调发展。因为不同级别的政府部门具有明确的分工，较低层次的政府部门甚至根本不涉及竞技体育，竞技体育方面的管理和组织工作主要由奥林匹克体育联合会和各专业体育协会来完成，因此竞技体育的发展不但不会影响学校体育和群众体育，而且在某些方面甚至有促进作用。第二，运动员的收入较好。无论是职业化还是未职业化的运动项目，在俱乐部体制下通过国家投入、企业赞助和俱乐部资助等方式，运动员都能获得较为丰厚的收入，如此竞技体育便可以吸引更多青少年愿意积极自主地参与竞技体育。第三，退役运动员的就业矛盾并非十分明显。因为在俱乐部体制下运动员在成长的开始阶段并未彻底中断学校教育，大量水平卓越的运动员在进行艰苦训练的同时也可以保证大学学业的有序完成，加之职业和大众体育俱乐部可以提供大量的就业岗位，所以运动员在因为伤病因素而无法继续自己的运动生涯或者退役以后再在其他领域就业就更为容易。

俱乐部体制也具有一些较为显著的弊端，主要表现在缺乏宏观调控，引发的后果体现在以下两个方面。第一，弱势项目的水平无法得到有效的提高。在俱乐部体制下，对于群众基础好、深受欢迎的项目可以保证其高水平，对弱势项目的水平却无法有效改善。例如，冰雪项目是德国人最喜爱的运动项目之一，民主德国和联邦德国统一之后，原民主德国的训练手段和人才储备与原联邦德国的体制相结合，使德国成为冬季项目水平最高的国家。田径则是一个反面的例子，由于田径运动的基础无法和足球、冰雪等项目相比，因此民主德国、联邦德国统一之后水平大大下降，完全丧失了原民主德国在"举国体制"建立下所存在的优势。第二，造成某些项目发展的不稳定。在俱乐部体制下，对于运动项目的调控基本上由市场规律来决定，一些偶然因素就会对某个运动项目造成很大的影响。例如，在20世纪80年代，由于贝克尔和格拉芙等偶像级网球运动员出现，德国人打网球的热情空前高涨，而随着贝克尔和格拉芙相继退役，德国人丧失了对网球的饱满热情，参与网球训练的人数持续走低。

二、联赛体系

（一）德国体育联赛的产生与发展

相对于美国和英国，德国体育联赛从单项联赛的创建和联赛体系的形成都要晚一些。例如，美国在1867年就建立了全国棒球联盟，形成了全国范围内的棒球联赛，英国从1888年开始组织全国足球甲级联赛，而德国的全国性比赛从20世纪初才开始，而且直到20世纪五六十年代才形成了全国性联赛体系。

1848年，德国最早的全国性专业体育协会——德国体操协会成立，然而当时体操并非竞技项目，所以并未组织全国性比赛。20世纪初，一些竞技性项目，尤其是球类项目的全国性专业协会相继成立，如德国足球协会、德国网球协会和德国曲棍球协会等。这些全国性专业协会的成立代表着这些项目的比赛组织进入了更为规范、系统的阶段，并且形成了全国性的比赛，但那时还没有全国性的联赛，一般是分成若干个地区，分别进行联赛或锦标赛，获胜的队伍将参加全国锦标赛的决赛，采取循环或淘汰的方式决出全国冠军，如足球从1903年开始就有地区联赛和决赛阶段比赛，这也是后来足球联赛的雏形。

20世纪50年代末到20世纪60年代，德国步入了高速发展的时期，一些全国性专业体育协会纷纷创建了全国性联赛项目，如冰球、足球、手球、篮球和曲棍球等项目，德国的体育和联赛体系也进入了快速发展的阶段。1959 年和 1970 年，德国两次开展了大规模的全民健身活动，德国大众体育俱乐部获得了积极的发展，体育俱乐部与会员的数目出现明显的增长，全国联赛下的各级业余联赛愈发健全，最终形成了如今的联赛体系，即从最高级的"全国甲级联赛"到最低级的"县级联赛"的六级联赛体系。

20 世纪 90 年代以后，职业联赛步入了商业化发展的时期，为了有效地推动职业联赛的商业化运作，德国的一些全国联赛主管机构纷纷成立了联赛公司，如德国足球联赛有限责任公司（Deutsche FuBball Liga GmbH，DFL）和德国排球联赛有限责任公司（Deutsche Volleyball Liga GmbH）等。这些联赛公司的主要任务就是负责全国顶级联赛（甲级和乙级联赛）的商业推广、市场开发、广告赞助和资格鉴定等工作。联赛公司的成立象征着职业联赛步入了成熟发展阶段。此外，在各级体育比赛中，联赛并非仅有的比赛形式，还有杯赛、冠军赛、锦标赛等其他形式，然而不管从规模、场次还是商业价值的角度来看，联赛都是最重要的赛事，其他形式的比赛都不能取代它的地位。

（二）德国体育联赛的结构

德国的体育联赛通常由六级联赛构成，根据联赛范围从大到小分为全国联赛、分区联赛、高级联赛、协会联赛、地区联赛和县级联赛，依据项目的差异，联赛的级别与数目都表现出明显的区别，最多能够达到 13 个级别，而且所有级别的联赛之间都有升降级。

全国甲级联赛、全国乙级联赛和全国丙级联赛也称为顶级联赛或职业联赛，这 3 个级别的联赛都是在全国范围内进行，而且联赛的数量各只有一个。

分区联赛实际上是"半国联赛"，也就是将德国划分成不同的区域分别开展联赛。以足球为例，目前分为南区、北区和西区 3 个区域，联赛的数量有 3 个。而从 2012 年开始，分区联赛扩大为 5 个分区，即北区、东北区、西区、西南区、拜仁区（拜仁州）。

以上级别的联赛基本上由全国性专项体育协会来组织和管理，前三级联赛即全国联赛，以职业俱乐部参加为主，在德国广泛举行、水平较为卓越的项目，如足球。参加第四级联赛的也有一部分是职业俱乐部或者高水平职业俱乐部的二队甚至三队。

高级联赛指的是联邦州范围内的联赛，但有的联邦州（如北威州）内有两个高级联赛，小一些的联邦州或直辖市也会共同举行一个高级联赛。高级联赛由联邦州的专项体育协会来组织和管理，一般从高级联赛开始就主要是业余性质的比赛。

协会联赛、地区联赛和县级联赛都是联邦州内部地区级的专项体育协会组织和管理的联赛，也是真正意义上的业余联赛。在联赛中，业务联赛的参赛队数目是最多的。地区级专项体育协会（含一些大城市的专项体育协会）是专项体育协会中的最低级别，直接管理基层的大众体育俱乐部，其下属的俱乐部根据水平高低参加相应的协会联赛、地区联赛和县级联赛。

德国体育联赛结构主要有两个特点，即多层次的"金字塔形结构"和划分为职业联赛与业余联赛两部分。除此之外，还有以下几点值得注意。

第一，不同地区的同一级别联赛名称有可能不同。最典型的例子是协会联赛，大部分联邦州都称为"Verbandsliga"，即协会联赛，而在巴伐利亚和黑森等4个州则称为"Landesliga"，即"联邦州联赛"的意思。此外，地区联赛和县级联赛在不同的联邦州也有不同的名称。

第二，每个联赛级别还可能细分，这主要由参与联赛的俱乐部数目决定。因为一些项目（如网球、足球等）基层俱乐部数目繁多，业余联赛的4个级别无法使人们的需求得到充分的满足，因而在每个级别中根据需要再细分成不同的等级，如一级县级联赛、二级县级联赛等，实际的细分方式完全依据该级联赛的参赛队数目进行明确。

第三，不同项目联赛级别的数目表现出显著的不同。例如，铁人三项联赛只有3个级别，即全国甲级联赛、全国乙级联赛和南北区联赛，而足球联赛最多可达到13个级别。

（三）德国体育联赛的组织

德国的体育联赛能够划分为两大类型，分别为职业联赛与业余联赛。职业联赛依据国际上一般的组织方式，由全国单项体育协会与联赛公司共同管理，分别负责制定联赛规则、统筹管理联赛的运行，并通过出售电视转播权和广告等方式获取收入，争取使管理者、参赛俱乐部、运动员、投资者和观众都实现利益最大化。

对于业余联赛，主管协会只负责联赛规则制定、比赛时间安排和联赛的统筹管理，而大量实际的工作都需要通过俱乐部乃至参赛人员自己完成。许多比赛并不另外设置裁判，比赛费用则由参赛俱乐部与参赛人员共同负责，比赛组织由双方队长协调，如此便让主管协会的工作负担与资金投入都缩减至最低，确保业余联赛能够获得长期发展。

除了职业联赛和业余联赛，一些项目也具备着一些过渡形式，介于职业联赛和业余联赛之间，如分区联赛，在这些联赛中，职业俱乐部和业余俱乐部同时存在，联赛、俱乐部和运动员也有一定的收入。总体而言，职业联赛和业余联赛是德国联赛体系中最主要的两种形式。除此以外，德国联赛体系的组织还表现出下列几个鲜明的特征。

第一，并非所有全国性单项协会都会与一个联赛相对应。一些项目直至今天仍没有联赛，有的单项协会只有部分项目的联赛，还有的项目分别由不同的单项协会组织不同的联赛。

第二，只设团体比赛，没有个人项目。一些个人项目，如羽毛球、乒乓球、网球、游泳、铁人三项等，都是通过团体赛或积分赛的方式决出团体名次。

第三，所有的比赛都需要以俱乐部的名义参与，每个俱乐部可以派出一个或多个队伍参加相应级别的联赛，参赛运动员一定要是该俱乐部的会员。

第四，获得赛季（很多项目是跨年度的）冠军的俱乐部可以获得"德国冠军"称号，而且只要有联赛的项目，全国甲级联赛的冠军就是唯一的"德国冠军"。

三、德国竞技体育教育体系

（一）教练员培训

教练员培训是德国体育工作的一个重点。不管是在竞技体育、大众体育还是休闲体育，教练员的培训工作受到了高度的关注并相互关联。德国奥林匹克体育联合会的方针政策充分奠定了德国体育俱乐部教练员培训资格的基础。培训委员会负责所有体育项目的培训，不仅能够充分确保培训的品质与标准，而且能够确保培训在体育实践里得到有效的运用。通过授予德国体育联合会统一的培训资格及资格的相互认同，确保体育指导员在体育协会的工作基础。德国教练员培训的准则涵盖了社会与体育两个基本立场，如考虑到年龄、残疾人或者地区性特点，女性应当与男性平等，在有得到组织的体育活动里获得同样的机会等。此外，义务性与专职性工作人员一定要不断顺应持续更替的框架条件，培训部门的工作人员一定要确保顺应培训的资格与质量，同时，德国奥林匹克体育联合会的所有成员组织必须履行以人道主义为基本原则的全面教育。

德国奥林匹克体育联合会培训一般包括以下方面：预备阶段／入门培训；跨体育项目和目标的基础培训；跨体育项目的大众体育培训，包括预防与康复的基础培训；专门体育项目大众体育教练员培训（教练员 C 级、B 级和 A 级）；专门体育项目竞技体育教练员培训（教练员 C 级、B 级、A 级和硕士教练）；青少年体育工作者培训；协会管理培训；体育理疗医师培训等。

（二）大学体育

大学体育在德国竞技体育的发展历史中始终占有一席之地，体育教育又是德国体育院校的传统专业。德国的体育院校，如德国科隆体育学院和众多综合院校的体育院系，以及一些师范院校的体育院系共同肩负着德国大学体育教育工作。步入 21 世纪以后，德国的传统体育学科不断走向成熟与完善，新兴专业持续涌现。2000 年以后，为了与国际体育学科的发展态势保持一致，德国大学体育教育由传统顾士学制发展成为本科和硕士并存的培养模式，旨在缩短传统顾士学制的学习时间、提高学习效率、顺应国际发展趋势。除了开设高校体育教育专业，德国高校大学公共体育在德国大学体育教育里也发挥着十分重要的作用。德国高校体育联合会和德国竞技体育高校合作伙伴为德国高校大学体育教育的完善和发展奠定了坚实的基础，德国高校大学生运动员支持体系也使大学生运动员的体育竞技与大学教育获得了十分优良的条件。

（三）体育科研

德国体育联合会在创建伊始，科学研究促进体育发展这一战略目标就已经确立下来。实践表明，德国体育科学研究在竞技体育的发展历史里发挥着良好的促进作用，德国体育科学的历史发展进程同时也反映了德国体育科学研究在不同历史时期的发展特征。

德国竞技体育科学研究不支持单一的组织机构将科研活动完全垄断的状况，希望打造出一个健全、优良的科研体系，确保更多的科研机构和团队能够参与。在经过长期的发展以后，德国竞技体育科研支持体系不断走向完善，形成了一个由众多科研机构共同参与的综合体系。参与科学研究的机构包括高校内外的科研机构、专业体育俱乐部以及科研支持体系的协调和监督组织，如国家体育科研所、联邦国家内务部和奥林匹克体育联合会等。在协调与监督组织的统一领导下，各个参与研究的机构之间形成了密切的联系，针对信息与科研成果展开了频繁的交流，确保了整个体系的有序运行。

在德国竞技体育科研支持体系的任务分配中，各参与研究机构的科研工作范围和任务不尽相同，然而要接受监督和协调部门的统一领导，德国体育科学的基础研究并不完全借助于某个运动项目，主要在于深刻、全面地揭露事物的发展规律与相互关系。关于运动成绩的提高，除了对训练方法和手段的需求，还需要科学基础理论提供适当的指导。虽然基础研究并非德国竞技体育科研的核心，但属于竞技体育科研的主要组成部分。而应用研究是通过理想的方式为体育运动实践服务，如在训练实验中常规的实验组和对照组之间的比较研究。而评价研究在德国竞技体育领域则被视为具体训练过程科学支持和科研跟踪的一个独特的研究范式。由于评价研究在竞技体育实践过程中表现出直接性、针对性的特点，如今受到了专业俱乐部的赞赏，并逐渐被德国运动仪器设备研发中心、应用训练学学院和德国奥林匹克训练基地所采纳和确定下来。另外，科研跟队服务是德国竞技体育科研的服务机构，在高水平运动训练的过程中也是一定要具备的。由于竞技体育训练与竞赛在一般条件下会受到人力资源有限和仪器配备不足的制约，需要一个科研团队提供良好的跟队服务，进而确保训练与竞赛的有序推进，这是目前应用训练学学院和仪器器材发展中心以及奥林匹克训练基地的专职工作。

第四节　日本竞技体育的发展方式

一、体育行政体系

日本完备的体育行政体系就是以奥林匹克为契机而形成的各省厅相互联系的行政体系，体育事业由文部省单独执行逐渐过渡到以文部省为中心、多省厅协调配合的状态。它的行政目标在于实现保健体育审议会审议方案的权威性，充分表达政府发展体育的决心，在这样的条件下，日本体育行政伴随着有关体育法规政策的颁布实施而展开。

《体育振兴法》在 1961 年 9 月开始施行之后，文部大臣向保健审议会咨询了相关问题，包括体育设施整备的基础标准、体育测试的内容和方法、学校饮食的供应和国内产品的利用等问题。该问题源于日本并未在罗马奥运会中取得良好的成绩，所以在东京奥运会开展前，日本提出增强儿童、青少年与一般劳动者体力的问题。结合对这个问题和以后的粮食供应、提高儿童体力等问题，同时结合20世纪60年代日本产业界劳动力变化的进程，日本政府制定了国民体力测试标准。遗憾的是，日本政府在有效提升了全社会对体育的关注度之后，并未确切地提出场地设施建设的标准，导致体育发展的进度变得更加迟缓。

文部省体育局在1962年开始实施体育教室的建设补助，在积极颂扬奥林匹克精神的同时，也对国民体育提供了一定的补助。运动竞技科普遍改为体育科，《体育振兴法》中对青少年的奖励政策得以实施，日本体育协会体育少年团成立，物质和精神两方面都有了一些发展。1963年4月，体育局成立奥林匹克科。1964年，日本政府发表了《日本体育现状的调查》并实行了大量的传播，在此基础上营造出全社会都关注奥运、对体育充满热情的局面。

1964年6月3日，离东京奥运会开始还有4个月的时间，审议会提出制定《体育振兴基本计划》的提案，提案的内容是关于东京奥运会后体育振兴策略的调整，7月24日报告发布，其中提出了若干个具体方案来发展体育振兴事业。然而，因为奥运会的设施尚且处于最后阶段的建设中，民众关注的重点仍旧是有关东京奥运会的内容，该提案并未获得民众的关注。不只是这一提案，除了东京奥运会，全部有关国民大众体育发展的提案都搁浅了。这个时期是日本在第二次世界大战以后体育政策集中出台的阶段，但举办东京奥运会是整个国家的体育工作重点。

《体育振兴法》的颁布、东京奥运会的举办、奥林匹克精神的传播，都为日本体育事业的发展注入了无限的活力，许多体育教练员成为审议会的成员，体育少年团纷纷成立，地方自治体也成立了体育行政组织等。《体育振兴法》形成了越来越大的影响。在东京奥运会举办之后，国民体力问题被提上了议事日程，从总理府到地方自治体，提高国民体力的活动多了起来。体育事业从"文部省—教育委员会—各市町村社会教育科"的教育行政发展之路，到"总理府—各行政首长部局"的行政发展之路，再到以体育行政为主的"宪法—教育基本法—社会教育法体育振兴法"的法制发展之路，表现出日本体育政策发展的大致进程。在这样的发展状态下，体育不再是社会的一个独立领域，而是扩大到一般的文化行政之中了。

20世纪60年代后期，审议会提出"公共体育以地域为中心"的发展理念，将体育事业放置于更高的维度，使20世纪70年代体育设施的修建、国土资源的开发、体育事业的繁荣获得了庞大的力量。人们在战后再次形成地域意识，这让人们通过体育探寻到生活本质，同时也对体育的发展提出了更高的要求。为了有效提升竞技体育的水准，审议会于 1967 年 7 月提出了提高对外运动竞技水平的议案。经过两年的调查，1969 年 6 月进行了审议。然而这两年中只完成了体育水平的调查，并未使根本性的政策问题得到彻底解决，国民体育问题还应当实行大规模的研讨。所以，后来又进行了与体育普及振兴有关方案政策的讨论。保健审议会于 1970 年 2 月进行了义务教育各学校的营养补充改善方案政策的研究论证，论证中提出了"制定体育普及振兴基本方案"的课题。体育局于 1969 年夏天开始进行大规模的调查，以此为基础资料于 1971 年 6 月发布了中间报告，1972 年 12 月提出审议方案。该审议方案直接制订了当时的地域综合开发计划，形成了十分深远的影响。

1971 年，教育界的社会教育审议会、中央教育审议会出台了审议方案，教育界和产业界人员都被邀请来听取审议方案。在听取审议方案的过程中，保健体育局发布的中间报告引起了体育行政内部的强烈反响。中间报告提出发展体育事业的前提是建设符合国民需要的体育设施。该报告为之后体育的振兴发展发挥了十分显著的促进作用。

通过这样一个发展历程能够发现，以奥林匹克为主线，20 世纪 70 年代是日本初步确立奥林匹克行政基本思想的时期。在这个时期，首先是有关体育设施设备问题的讨论与政策制定，其次是受东京奥运会的影响，让体育振兴法规政策逐步落实，指引着民众对体育表示关注与支持。有资料表明，曾有机构对这个时期日本竞技体育在国际上的竞争力做过调查，虽没有最终形成具体方案与对策，但其中蕴含着若干发展奥林匹克行政的思想。在此种思想的指引下，当发展方式与途径无法取得预期效果时，有关部门便会整改方案。因此，一个完整的面向日本奥林匹克行政的路线就初步形成了。

二、运动员强化体制

1964 年东京奥运会在日本体育发展历程中具有重要意义。"二战"失败以后，日本需要寻觅另外的方式证实自身的实力，于是奥运会便成了较好的载体。

1959 年 5 月，日本文部省决定，体育协会和加盟的运动团体以奥运会为中心开展工作。工作从三个方面展开：一是运动员的强化集中训练；二是为强化事业服务的教练员培养；三是技术研究。政府的充分支持让体育协会与运动团体的工作可以更为简单地开展。长津岛寿一这样说："我们有必要建立运动员强化对策，奥运会在日本召开，组织运营工作不能出一点纰漏，日本代表团的成绩也是非常重要的。"这也反映了运动员强化训练的重要程度。同年 12 月，东京奥运会运动员强化训练座谈会召开，更直接确定将日本体育协会与日本奥委会 JOC 作为运动员强化训练的本部。

运动员强化本部从机构上相当于日本奥委会的一个委员会，各项具体工作则由日本体育协会与日本奥委会协同推进。日本奥委会秉承着为东京奥运会负责的态度，成立了运动员强化本部，这样一来，作为直接为国家服务的运动员强化本部，其权限实际上已经超越了体育协会的各个机关。这个组织由运动团体代表以及文部省、有关团体、中体联、高体联的代表和学者等 55 人组成，形成了一个正式的决策审议机关。

运动员强化事业只借助中央决策无法取得预期效果，必须和地方加以有效的结合，因此日本体育协会向各地方体育协会下发了一个委托书，内容是关于东京奥运会运动员强化培养的地方扩充促进方案。举办东京奥运会是一项十分重要的事业，为了确保奥运会能够圆满举行，优秀运动员的发掘和培养工作就要求由中央和地方协作展开，为此，各县的长官和教育委员会的领导全力配合并积极促进了方案的委托工作。

对于运动员强化事业，地方自治体还应当完成发现与培养人才的任务。因为这种强化不能只针对最高水平的运动员，还需要在全国范围内发现和培养人才，这样才能建立长效的人才培养机制。发现人才最有效的方法就是举行全国性的学生比赛，因而中央和地方共同改革了学生参赛的方法，由教育部的有关部门和机关主办学生的比赛，并由他们组织学生参加非教育团体主导的体育比赛。

从方法上来说，早在 1964 年东京奥运会之前，日本就已经实行过运动员的强化事业，并且在奥运会上取得了良好成绩。在那之后，日本竞技体育多年低迷，运动员强化事业也基本荒废了。然而，当日本政府意识到只依靠发展大众体育并不能直接使竞技体育走向新的发展阶段时，运动员强化训练体制必然被重新提到议事日程上来。所以直到现在，日本运动员的强化体制仍在发挥着作用，这是日本体育发展过程中竞技体育管理的另一个重要特征。

三、体育协会

日本体育协会有 27 个中央竞技团体。在县级和市级行政区均设有地方协会，其终端是各个俱乐部实体，包括初中、高中、大学，企业、民间和社区的各种体育俱乐部。这使日本在广泛的大众体育参与基础上层层选拔，提供源源不断的竞技体育后备人才，使竞技体育的可持续性发展有了组织制度上的保证。1962年日本体育协会以创立50周年为契机下设"体育少年团"，协会在多个地域都设立了青少年团，这些青少年团扩张迅速，与此同时，日本初高中男女学生也积极加入学校运动部参与学生体育竞赛活动。体育社团活动的参与成了影响日本青少年学生体育价值观的最重要因素，为日本体育界培养竞技体育后备人才打下了基础，并架起了沟通学校体育、群众体育、竞技体育的桥梁。

第四章

我国竞技体育发展状况分析

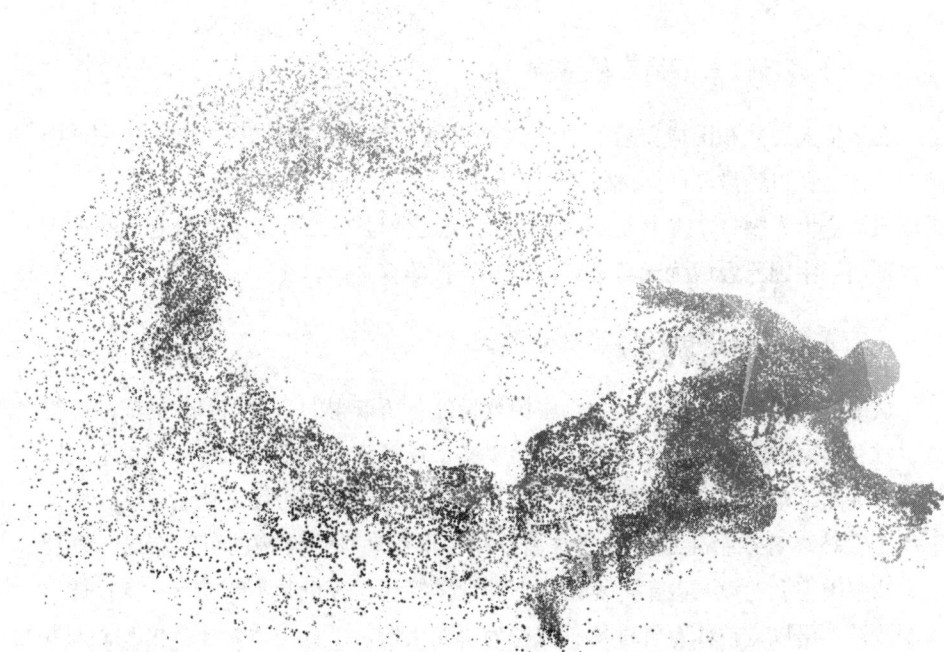

我国竞技体育当前正处于一个机遇与挑战并存的发展状态，整体呈现上升趋势，但其中仍有不可忽视的问题。本章对我国竞技体育当前发展的整体状态进行了详细分析，以帮助读者了解竞技体育发展的现状与其中存在的主要问题。除此之外，还对我国竞技体育当前发展面临的机遇与挑战进行了探讨，帮助读者进一步了解我国竞技体育的发展状况。

第一节　当前竞技体育发展的整体情况

一、竞技体育发展现状

（一）竞技体育取得丰硕成果

在中华人民共和国成立后的 70 余年时间里，特别是改革开放 40 多年来，中国竞技体育在日趋激烈的国际竞争中，取得了前所未有的发展和进步，结出了累累硕果，令世人瞩目。尤其是 2008 年北京奥运会与 2022 年北京冬奥会的举办向世界证明了中国已经成为无可争议的世界竞技体育强国。

（二）深入推进竞技体育体制改革

从中华人民共和国成立至今，中国竞技体育所取得的令世人瞩目的成绩，得益于党和国家的高度重视，得益于社会主义市场经济的建立与完善，得益于我国体育事业始终坚持以改革促发展的正确指导思想。通过大力推进体制改革、坚定不移走竞技体育社会化道路、适时调整和实现运动项目结构的科学布局，以及大力加强国家队建设与改革，竞技体育管理体制和运行机制不断完善。竞技体育体制改革提出以竞技体育管理体制改革为"龙头"，以竞技体育社会化改革为方向，实现"小政府、大社会"的改革构想，全面推进了运动项目协会实体化改革，优化了运动项目结构改革，着力推进了竞技体育有限资源的优化配置等，使

竞技体育改革得到进一步深化。●

（三）项目布局取得一定进步

虽然目前中国竞技体育的项目布局仍然存在不足，但和以往相比，还是取得了很大的进步。首先，从国际大赛来看，中国竞技体育的优势项目（大项）数量相对较多，体操、乒乓球、羽毛球、跳水、举重、射击、女子柔道等项目为中国传统优势项目。而美国的优势项目多集中在田径、游泳等基础大项和篮球等集体球类项目，俄罗斯的优势项目主要体现在田径、花样游泳、摔跤和艺术体操上。其次，中国的潜优势项目群也在逐渐加大，游泳、拳击、射箭、摔跤、跆拳道、击剑等项目的部分单项，也都在世界大赛中有较好的表现。另外，田径短跨和耐力项目，水上的赛艇、皮划艇、帆船，以及花样游泳、艺术体操、网球等项目的成绩也都在逐渐进步。这些成绩的进步都为中国项目布局的全面性和均衡性发展提供了帮助。

（四）运动员的保障体系进一步健全

运动员的社会保障工作历来受到党和国家的高度重视。多年以来，在党和国家的关心和领导下，在有关部委的支持配合下，运动员的社会保障工作取得了很大的进步和成果。围绕服从和服务于竞技体育事业的发展这一中心目标，国家坚持从文化教育、退役安置、福利待遇、医疗照顾和伤残抚恤等方面不断推进运动员的各项保障工作的进行。目前已初步形成了在文化教育、就业指导、社会保险、运动伤病治疗、收入分配等方面一整套较为齐全的优秀运动员保障体系，解决了运动员的后顾之忧，能有效地激发运动员更加刻苦训练、努力拼搏，有力地促进了中国竞技体育水平的提升。而且，经过各方面不懈努力，在运动员的退役安置、岗位管理、聘用办法、社会保险、职业转换以及试训运动员的保障等内容方面，国家已初步完成了相关社会保障方面的制度设计与制度建设等基础工作，并且在各行业、各地方多层次、全方位展开。运动员保障体系不断健全和完善，在不断提高竞技运动成绩的同时保证了竞技体育事业的健康发展。

（五）科学化训练水平进一步提高

运动训练是竞技体育工作的重心，训练水平的高低直接决定着竞技体育发展

---

❶　徐伟宏：《中国竞技体育发展模式的历史演进与路径创新》，北京体育大学出版社，2012，第58页。

的速度与水平。因此，中国竞技体育发展工作一直重视训练科学化水平的提升。众所周知，运动训练是一项极其复杂的系统工程，其中科学管理和科学训练占据着极为重要的位置。通过长期训练的实践和摸索，人们已经总结出一套行之有效且具中国特色的科学管理和科学训练的方法和手段，如项目专家会诊制度、专业科研人员长期跟队及科研团队制度、优秀运动队的陪练制度等。除此之外，运动队的训练高度重视研究项目的制胜规律，重视运动员的机能检测与运动负荷的控制；通过运动训练学、生理生化学、生物力学、心理学、控制学等科学知识指导运动训练，提高教练员、管理者的科学水平，提升运动员的科学知识，并建立运动队的科技服务团队，促进运动员成绩的提高。

二、当前我国竞技体育发展面临的主要问题

（一）竞技体育发展的路径问题

当前，竞技体育发展路径的科学性与文明性亟待进一步提高。纵观近些年世界竞技体育的发展形势，运动训练的科技化程度越来越高，以量化指标监控训练过程的趋势越来越明显，新的训练方法或手段的创新大多从其他学科或领域演变而来。我国虽然近年来不断加大了对体育科研的投入，也取得了一些成果，但在自主创新能力上仍存在不足。未来，科技创新引领竞技体育发展的任务还很艰巨。竞技体育发展路径的文明性问题，过去主要集中在运动员的全面培养和权益保障上。当前，这两个问题虽然已有了很大的改观，但不同地区、不同层次的运动员在受教育和保障方面区别较大的现象仍然存在，相关制度的执行力问题依然突出。提高竞技体育从业人员的职业道德是目前体育领域加强文明建设的重要内容。对于违背体育精神，违背体育道德，甚至违背法规制度的言行，需要加大惩处力度。

（二）竞技体育发展的管理问题

"竞技体育举国体制"以行政作用机制为主导，垄断着核心资源，而市场经济要求以市场作用机制为主导，两者之间存在矛盾和冲突，制约着竞技体育的内生发展。竞技体育发展长期以来是金牌导向，发展资金的拨付、官员的升迁也大多依竞赛成绩而定，这容易导致管理价值取向出现偏差。竞技体育发展中的政府职能仍然主要偏重政治职能，服务型职能尚显不足，职业联赛中的政企分开、

管办分离、项目协会的实体化等还未取得实质性进展。而且竞技体育发展的评价标准较片面，政府需要综合多方需求设计竞技体育发展的评价指标。例如，根据竞技争光、竞技表演、竞技参与等不同竞技体育项目的表现和结果来制定评价标准。同时，政府要进一步转变自身管理职能，简化审批流程，推进政企分开、管办分离、协会实体化，切实做好并成为一个有效政府和服务型政府。

（三）竞技体育发展的动力问题

竞技体育发展的可持续性与内生性是竞技体育发展动力问题中亟待解决的关键问题。由于场地、器材限制与项目的技术难度，很多运动项目未能进入学校推广。同时，社会上又缺乏相关的专业俱乐部，一些健美类或其他投入高、危险性大的项目基本与普通民众无缘。诸如举重、射击、跳水、体操等传统优势项目的发展只能是从小选拔一批学生，集中起来走专业训练的道路。这种缺乏群众基础的选材与人才培养方式，严重制约了竞技体育的可持续发展。竞技体育内在动力的培养是解决当前竞技体育发展动力问题的关键。❶

（四）竞技体育发展的国际竞争力问题

竞技体育发展的国际竞争力问题包括当前竞技体育整体发展的综合实力不高、项目发展的国际影响力有待提高等问题。因此，项目发展的综合实力与国际影响力这两个指标是提升我国竞技体育国际竞争力、进一步建设世界竞技体育强国的重要因素。从这两个指标来看，竞技体育发展的结构性问题是解决竞技体育发展的国际竞争力的关键。项目发展的类别结构要协调均衡，奥运项目和非奥运项目、冬奥项目和夏奥项目发展协调，优势项目、潜优势项目、一般项目发展相对均衡。项目发展的普及与提高要协调，发展的厚度要厚，发展的高度要高，发展项目的参与人数要多，以提高项目的总体竞技水平，稳固项目发展在高水平层面上的领先优势。与此同时，田径、游泳等基础性项目和三大球、高尔夫等国际影响力高的项目要缩小整体上与国际先进水平的差距。

此外，这两个问题需要交融在一起审视，将一个因素作为另一个因素制定发展战略的依据，促进两者共同发展，即按照有利于提升国际影响力的原则来调整项目发展的结构、项目发展的布局；按照我国优势项目的特点，加大人才的国际

---

❶ 辜德宏：《我国竞技体育发展方式转变研究：基于政府作用的视角》，苏州大学出版社，2016，第 157 页。

输出，加大项目的国际推广，提升项目的国际影响力。

（五）竞技体育发展的价值取向问题

竞技体育中的价值取向问题即竞技体育发展的金牌取向明显、竞技体育发展的重心过于集中在高水平精英竞技层面。这两个问题一个指的是竞技体育发展的目标上的状态，另一个指的是竞技体育发展的重心上的状态，在价值层面反映了竞技体育发展的方向。

从这两个问题来看，竞技体育的发展重心较为单一，并与大众的需求有一定程度的偏离。竞技体育具有多元功能，从人的角度来看，有教育、强健、休闲、自我实现等功能；从社会层面来看，有政治、经济、社会、文化等功能。竞技体育理应协调发挥这两个层面上的多元功能，满足民众对竞技体育的多元需求。而实践中我国主要提供"竞技争光"产品，满足的主要是人们精神层面的荣誉需求，对于人们物质层面的需求，如竞技体验、竞技参与及精神层面的竞技欣赏等方面的关注不够。对于竞技体育的社会、经济、文化功能的开发滞后。与此同时，当今世界竞技体育主要有三种发展形态：奥林匹克运动、职业运动、大众竞技体育运动，我国竞技体育应该协调发展这三种形态的竞技体育。

第二节　我国竞技体育发展面临的机遇与挑战

我国竞技体育在发展的路上充满着机遇与挑战，在发展的过程中要直面挑战、抓住机遇，才能够将我国竞技体育的发展推上一个新台阶。

一、我国竞技体育发展面临的机遇

（一）经济社会转型为竞技体育价值转变提供了新动力

当前，经济的发展、社会的进步调动了人们的积极性和创造性，人们的思想观念呈现多元化，竞技体育越来越受到关注。社会经济发展新常态为竞技体育的改革和发展提供重要机遇，市场经济的发展带来了社会价值取向的更新，也赋予了竞技体育前所未有的历史使命，竞技体育随着社会的进步和自身的革新进入了转型时期。竞技体育体制的转型将会激活社会管办体育的机制，使竞技体育体制在经济体制转型的影响下不断向纵深发展。

新的时期，经济社会转型将成为体育事业发展的新需要，传统以服务国家政治目标为价值定位的竞技体育，将日益向以服务全民健身和助力体育产业为目标的新定位转移。竞技体育作为社会文化的重要组成部分，将会成为我国体育事业发展方式转型的排头兵，在整个体育事业的改革进程中，竞技体育将不再局限于服务国家发展的政治价值，而是重新梳理价值角色，肩负起服务经济社会发展的新使命。同时，我国经济社会转型为竞技体育多元社会价值的发挥提供了新的平台，在经济社会转型背景下，竞技体育不仅要迎合新时期社会发展所需要的经济、文化、教育、健康和公共服务等多元价值，而且要带动各种相关产业，如建筑业、交通业、餐饮业、博彩业等协同发展，推动各项社会事业共同发展。在新时代社会发展的进程中，竞技体育的价值将会进一步拓宽，随着时代的巨变不断发生转变，这不单单表现在传统层面上对政治、经济的巨大作用，还表现在竞技体育与社会发展紧密相连的其他功能和价值，如教育价值、伦理价值、娱乐价值，甚至个性发展的价值等也将会体现得越来越明显。经济社会转型将会为竞技体育发展提供新的土壤，为竞技体育多元价值提供新的社会基础，竞技体育在时代发展的变迁中将会体现出越来越丰富多彩的时代价值。

（二）全面建成小康社会为竞技体育价值转变提供了新环境

全面建成小康社会是一项覆盖全面的伟大工程，作为社会文化的重要组成部分，竞技体育的发展与全面小康社会建设关系密切，它不仅是全面小康社会建设的重要元素，而且在促进人民身心健康、丰富业余文化生活和提高民众的生活质量方面具有积极的作用，能够满足全面小康社会建设的多元需要。同时，全面建成小康社会的战略目标要求竞技体育更加主动地融入经济社会发展的大局，这赋予了竞技体育前所未有的历史使命和时代责任，也为竞技体育的发展提供了新的社会环境。在全面建成小康社会的历程中，人们开始呼吁竞技由"工具论"向"玩具论"转变，人们的发展需要将成为竞技体育价值转变的动力，传统以"举国体制"为核心的竞技体育发展方式、"唯金牌""唯成绩"的发展观念，与新时代以人民为中心的社会发展理念相抵触。全面小康社会推动了竞技体育价值取向的更新，使其呈现复杂化、多元化的态势，同时，全面建成小康社会的伟大号召将会对竞技体育发展提供物质、文化和制度等保障。

（三）国家发展战略布局为竞技体育价值转变提供了新方位

当前，中国竞技体育正处于"两个发展"并重的新时代，竞技体育不但自身要实现发展，而且要通过竞技体育的发展推动社会的共同发展。伴随竞技体育价值的不断体现，世界发达国家逐渐意识到了竞技体育对于社会发展的重要性，国家间在竞技体育金牌、大型赛事举办、话语权和影响力等多个领域的竞争日益激烈。伴随着竞技体育在国家发展中的作用不断彰显，竞技体育在新时代的国家战略布局中有了新的定位。国家有关竞技体育的顶层设计为竞技体育价值的转变提供了方向。新时期，我国竞技体育正在不断优化发展方式，逐渐关注人的身心健康、生存意义以及自由和发展的思想，不断发挥竞技体育在经济社会建设中的引领作用。同时，竞技体育在自我发展过程中也逐步认识到与群众体育和体育产业的密切关系，认识到群众体育是竞技体育持续发展的基础，同时高水平的竞技体育能够推动群众体育的普及与开展，竞技体育又是体育产业发展的动力和源泉。此外，作为世界共通的语言，竞技体育在国际舞台中将扮演越来越重要的战略角色，将被进一步挖掘其在经济促进、外交助力、文化交流、健康促进、形象塑造等方面的多元价值，从而满足人民不断增长的文化、精神和休闲娱乐需求。

（四）大数据时代为竞技体育的发展增添了新动力

1. 大数据技术改变了传统运动选材的模式

运动选材是培养优秀运动员的根基，虽说后天的努力也可以获得伟大的成就，但先天的天赋是必不可少的。大数据的最大价值在于"预测"，具体到竞技体育中体现在"选材预测"，如美式橄榄球联盟（NFL）运用生物传感技术、数据挖掘技术对参加选秀的大学生进行评估，以选拔出具有潜力的运动员。这样通过大量的数据收集，再经过软件的系统分析，会对运动员生成一份比较综合的评估报告，在很大程度上避免了个人主观臆断所带来的偶然性。

2. 大数据技术为运动训练提供了新的训练方法

运动训练方法包括一般素质训练和专项素质训练。专项素质训练的制定要依靠大量的数据作为支撑，其中包含运动员的场上比赛数据、比赛环境数据、对手比赛数据等。这些数据的获取以现在的科学技术来说相对容易，因为现代体育场馆都在向物联网、云计算、大数据等前沿科技靠拢，一场比赛过后，场馆的后台数据库中都会存有相关运动员的比赛数据信息，所以场上比赛数据、比赛环境数据、对手比赛数据等都可以从数据库中获取。有了这些数据之后，教练员就能够在赛后根据大数据技术的分析结果找到运动员的短板，而且能分析对手的比赛打法、战术等，从而制订出有针对性的专项素质训练方法。比较常用的是模拟训练方法，即模拟比赛环境、比赛对手，这样在比赛前进行训练对竞赛成绩有很大的提升。

3. 大数据技术有利于预防运动损伤

运动损伤是指运动过程中发生的各种损伤。参加运动训练的目的就是最大限度地激发运动员的身体潜能，提高运动成绩和运动员的身体素质。如果在平时训练中超过了运动员所能承受的训练负荷，极易造成运动损伤，这样就失去了运动训练的意义，得不偿失。运动负荷指的是运动员在进行运动训练时机体所承受的负担，从生理和心理两方面来表现。适宜负荷原则指的是在训练过程中最适合提高运动员训练成绩的负荷，既不会对运动员造成伤害，还能取得最好的训练效果。如何找到适宜负荷的标准是一件比较困难的事情，因为现有的运动项目种类多，每种运动项目在训练过程中对负荷的要求是不同的，再加上不同运动员的身体承受能力的差异，很难形成一个统一的标准。

大数据技术的出现可能会对这种现象有所改善。利用现有的一些可穿戴设备可以获取运动员在训练过程中的心率、加速度、力量变化等数据，通过这些数据，再加上相应的软件分析，就可以大体得知运动员在训练过程中身体状态的变化，从而找到运动员机能疲惫的临界点，找到适宜负荷的量度。现有的运动负荷监测主要依赖生理生化指标，但是生理生化指标采集过程烦琐，时效性低，如果在训练后采集不及时会引起很大的误差，所以存在很多缺陷。

通过大数据技术可以相对容易地找到适合运动员训练的负荷，从而在很大程度上避免因把握不好训练强度所造成的运动损伤。适宜的运动负荷不仅可以帮助运动员实现最理想的训练效果，还可以最大限度地挖掘身体潜能，提高竞技成绩。

二、自身发展面临的主要挑战

（一）国际间的竞争日趋激烈

1.各国差距越来越小

全球化发展背景下，通过借鉴、引进、吸收他国竞技体育发展的先进经验和技术，各国竞技体育发展的差距越来越小，在某个项目方面的绝对优势也逐渐缩小。各国要想获得项目的领先优势或竞争优势，就需要不断改进和提高运动训练效果。以往单纯地多练不仅容易造成运动损伤，而且已经难以确保竞争优势，必须不断创新训练方法，创新运动技术，才能事半功倍，提升成材率和成功率。

2.综合国力的较量

以奥运会为核心的大型体育赛事产生了越来越大的国际影响力，蕴含了越来越多的商机，存在拉动经济发展的诸多潜力，越来越多的国家和政府更加重视竞技体育的政治功能和经济功能。一些国家重新制定了支持竞技体育的相关政策法规，拨付了更大额度的专项资金支持竞技体育的发展。竞技体育越来越表现为国与国之间综合国力的竞争。

3.竞技体育国际竞争局面复杂化

现代竞技体育的竞争已不再是简单的运动员层面的竞争，运动训练和运动竞赛需要科技、医疗、保健、康复、信息等现代化条件的保障。竞技场上的竞争已经发展成为以运动员为根本，以科学训练和科技保障为基础，以全面而周到的保障和服务为条件，周密而细致的赛前准备为关键的复合型团队战斗力的竞争。竞技体育的竞争涉及的领域越来越广，应对的局面越来越复杂化、综合化。

4.国家软实力

西方主导下的竞技体育发展秩序和格局，使我国竞技体育的发展还要应对更多的隐性竞争。这些竞争主要集中在国际体育组织中的话语权、项目的国际认同度、项目的世界性普及与推广等方面。尤其是面对一些西方主流项目中被边缘化的形势，需要人们付出更多的努力，应对更大的竞争。竞技体育的发展要真正融入世界，必须应对竞赛场外诸多软实力方面的竞争。比如，争取更多项目的国际组织中有中国籍官员、有更多话语权；在更多国际项目大赛中有中国籍裁判；在西方竞技体育价值观下，推广我国的优势项目、传播中华体育精神等。

（二）人们对竞技体育产品与服务的需求日趋多元

当前我国经济稳步增长，人民生活水平显著提高，人们的消费观念和比例正在发生变化，有了更多的闲暇时间和金钱来丰富自己的业余生活。体育活动越来越多地走入人们的日常生活。

改革开放以来，人们接触到了更为丰富的竞技体育产品与服务，不再满足于"竞技争光"这一单一的竞技体育产品与服务，而是产生了多元化的体育需求。竞技参与、高水平体育赛事欣赏与"竞技争光"荣誉感一起成为人们对竞技体育的需求。马拉松、极限运动、7 人制足球赛、3 对 3 篮球赛、羽毛球民间争霸赛等越来越多的大众竞技体育参与形式出现。中国网球公开赛、高尔夫中国大师杯、F1 上海站、上海环球马术冠军赛等丰富多彩的大型体育赛事，带给人们更多运动美的享受。篮球、排球、足球、乒乓球、羽毛球、围棋等国内职业或半职业联赛培养了一批批"粉丝"，催生了一批批运动"发烧友"。竞技体育生产及其提供的产品与服务日新月异。

从世界竞技体育发展来看，竞技体育大体有三种发展形态：奥林匹克运动、商业性体育比赛、大众性体育比赛。竞技体育的发展需要区分这三种不同竞技体育发展形态的核心价值，以生产和提供不同的竞技体育产品与服务。从奥林匹克运动来看，其不仅在于更快、更高、更强，而且在于通过竞技教育人，促进人的成长与全面发展；从商业性体育比赛来看，主要在于生产和提供高水平的体育竞赛产品和服务，满足人们对运动美的追求；从大众性体育比赛来看，主要在于满足广大民众的竞技参与需求，通过业余体育赛事满足其运动畅快感。

（三）人们的金牌观日趋理性

近年来，社会各界要求改革竞技体育的呼声越来越高，人们对于改革的呼吁主要集中在以下两个方面。

1. 竞技体育发展的功能过于单一

我国竞技体育已经取得了辉煌的成绩，国家体育赢弱的历史已经成为过去，同时我国经济总量已位居世界前列，不需要再给体育背负过重的"为国争光"任务，当下应该淡化竞技体育的政治功能，切实发挥竞技体育的多元功能，让竞技体育更好地服务于民生。

2.竞技体育发展的成本高、代价大

从中华人民共和国成立至今，国家对体育事业的财政投入巨大，尤其是备战2008年北京奥运会与2022年北京冬奥会，都投入了巨大的资金。对于运动员的培养也存在诸多弊端，运动队的级别越高，运动员的伤情越严重，而且专业化的运动训练容易导致运动员忽略文化学习。因此，竞技体育的发展方式存在诸多弊病，亟须调整与改变。

实质上，这两个问题反映的都是竞技体育发展方式层面的问题。前者反映的是竞技体育发展方向方面的问题，后者反映的是竞技体育发展路径方面的问题。综合来看，民众希冀对竞技体育发展方式进行改革，以进一步提高竞技体育发展的效益。而重视竞技体育的多元功能与价值，就是要让竞技体育的发展效益最大化。它与控制发展成本、提高发展效益一样，都着眼于提高竞技体育发展的效益，让竞技体育的发展方式更科学、更合理、更经济、更有效率。

民众越来越高的改革竞技体育的呼声，也促使政府对我国竞技体育发展方式进行相应的调整。竞技体育的发展开始强调协调发挥其政治、经济、文化、社会等多元功能，促进人和社会的协调发展。竞技体育的发展既要重视金牌又要控制成本。积极探索市场化、社会化的发展路子，提高自我发展能力，培养内生发展动力，成为政府对竞技体育发展方式进行改革的焦点。

（四）大数据对竞技体育的挑战

任何事物都有两面性，大数据也不例外，它也是一把双刃剑。大数据技术在给竞技体育带来很多便捷之处的同时也带来了挑战。

1.数据的安全性

在进行数据分析时会产生大量的数据，同时数据的安全性方面是一大挑战。随着科技的发展，各国高水平竞技体育之间的差距越来越小，运动员的技术水平差异都在毫厘之间，在赛场上任何微小的因素都有可能改变最后的走势，所以说数据的保密工作就显得尤为重要。现在缺少与数据隐私性、安全性等相关的法律文件，一些数据是共享的，但却没有相应的共享标准，缺乏对技术的管理。数据一旦出现泄漏，将出现难以预料的结果。所以需要建立相应的保障体系，保证数据可以安全放心地应用，发挥大数据技术应有的功效。

2.人才的稀有性

全面掌握数学、统计学、计算机等相关学科和应用领域知识的综合数据科学人才匮乏，特别是缺乏熟悉行业业务需求，掌握大数据技术和管理能力的综合型人才。这里的行业业务需求主要指是否具有专业的体育知识，因为从事体育方面的数据统计和分析，最起码要具备基本的体育常识，如各种比赛的比赛规则、热点赛事、热门体育明星等，这样对于数据的收集和整理更有帮助。所以怎样培养出熟知大数据领域和体育领域的复合型人才也是当前亟须解决的问题。

第五章

新时期我国竞技体育发展的策略

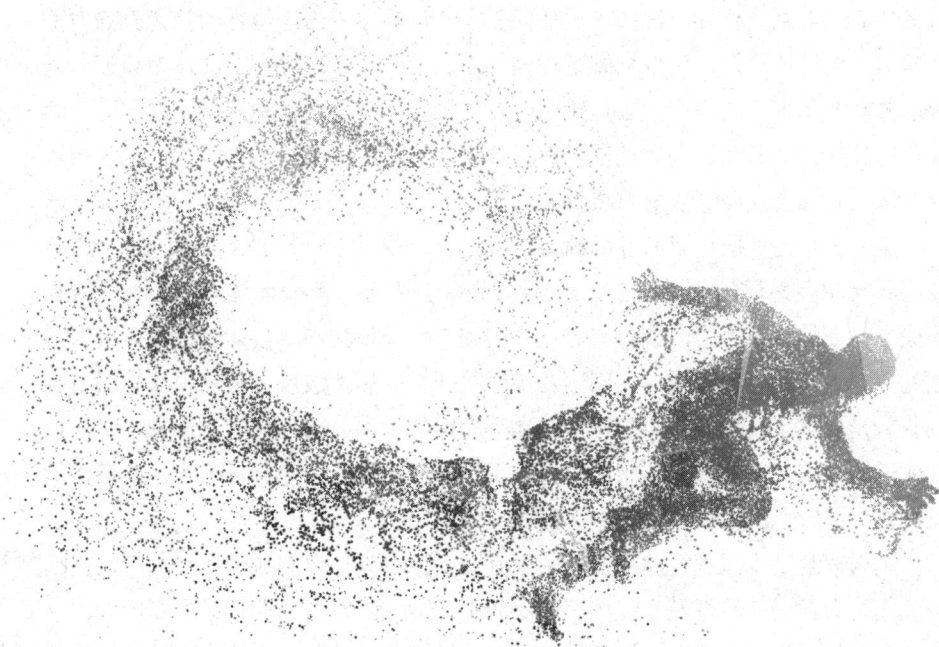

21世纪以来，在现代奥林匹克运动会的推动和现代科学技术的影响下，竞技体育的国际规模不断扩大，运动技术水平大幅提高，竞技体育水平高低对国家的影响也日趋加大。运动技术水平成为体育强国的一个最鲜明的主要标志。因此，要加强运动训练的管理，把我国建设成世界体育强国，就必须对我国竞技体育的发展策略进行研究。

第一节　完善竞技体育举国体制

体育是人类社会特有的一种社会文化活动，其将公平竞争、和平、团结作为价值核心，得到了世界人民的广泛认同。在全世界范围内，体育的社会影响力都非常大。竞技体育是一种依据既定规则、由运动员充分发挥自己的体力和智力来获取胜利的体育运动。在发展过程中，竞技体育逐渐呈现出系统化、科学化、商业化的良好发展态势，并且逐渐具有了政治、经济、外交等多种功能，成为展示综合国力和社会文明进步的重要标志。

竞技体育是我国体育事业的核心组成之一，在过去较长的一段时期内一直是我国体育事业发展的重心所在。经过70余年的发展，竞技体育从中华人民共和国成立初期的势单力薄，到目前居世界前列，可以说我国竞技体育的发展速度和成就令国人自豪、世人震惊。回顾我国竞技体育的伟大成就，其取得成功的主要秘诀就是找到了一条符合中国国情与体育实际的发展之路，也就是选择了举国体制的发展之路，从而使"集中力量办大事"这一优势集中地显现出来，并最终形成具有中国特色的竞技体育发展之路。

举国体制是我国竞技体育发展的强有力支撑，其作用与成就有目共睹，但随着我国社会发展的转型及竞技体育的不断提速，人、财、物的规模不断壮大，举国体制已经面临新的社会发展环境和体育发展形势，特别是我国由"体育大国向体育强国迈进"的建设过程中，要求竞技体育、群众体育、学校体育、体育产业等更加协调发展，这就要求管理体制的改革、运行机制的调整、发展方式的转变。为了实现竞技体育的长远发展，更为保证"体育强国"目标的实现，必须对举国体制的利弊、得失进行科学的权衡与分析，并根据体育发展大环境的实际要求对其进行改革，以适应现代体育的发展要求。

一、举国体制的概念与特征

（一）举国体制的概念

何谓举国体制，无论是学术界还是体育行政部门至今仍有争论，关于竞技体育举国体制的历史贡献和历史评价也有争议，但不能否认的是举国体制作为极具中国特色的竞技体育管理体制，为中国创造奥运辉煌发挥了巨大的作用。在社会主义市场经济条件下，举国体制仍然能够迸发强劲的生机和活力，能够与市场经济相结合，充分调动社会力量的积极性，为竞技体育实现由大到强的飞跃奠定制度基础，这是被改革开放以来中国竞技体育的快速崛起的成功实践所证明了的。

一般意义上的"体制"是指政府机关和企事业单位关于机构设置、隶属关系以及职能划分的体系和制度的总称，而竞技体育"举国体制"指的是国家在特殊历史条件下和特定历史时期内采取的管理竞技体育的政策体系和运行机制。2001年，时任国家体育总局局长的袁伟民在全国体育局局长会议上，阐述了举国体制的实质——"举国体制就是发挥社会主义能集中力量办大事的优越性，利用我国土地辽阔、人口众多的特点，把丰富的体育资源挖掘出来、充分利用起来，通过竞争和协同提高我国竞技体育的综合实力，到国际赛场为国争光"[1]。2002年，华南师范大学体育人文社会学博士生导师胡小明提出："举国体制是国家行政机构高度集中权力，自上而下指挥全国力量推动竞技运动发展的管理体制的简称。"[2]

2003年，时任国家体育总局体育科学研究所所长的李元伟提出，"以奥运会等重大国际赛事取得优异成绩为目标，以政府为主导，以体育系统为主体，以整合、优化体育资源配置为手段，动员、组织社会力量广泛参与，在国家层面上形成目标一致、结构合理、管理有序、效率优先、利益兼顾的竞技体育组织管理体制"是社会主义市场经济体制下举国体制的科学内涵。郝勤认为，中国体育举国体制并不是整个体育领域普遍适用的管理体制，而是针对竞技体育的特殊管理体制，其出发点在于在较短的时间内使中国竞技体育水平迅速提高，在国际重大

---

[1] 李静波：《当代中国竞技体育举国体制历史沿革研究》，当代中国出版社，2020，第48页。
[2] 程林林：《当代中国体育利益格局演化研究》，学习出版社，2011，第135页。

赛事中取得优异成绩；其显著特点在于以政府为主导，以行政手段管理体育事务，以计划手段配置体育资源；其体系架构包括体委为中心的管理体制、专业运动队为中心的训练体制、全运会为中心的竞赛体制。2004 年，时任北京体育大学校长的杨桦撰文指出："举国体制只是整合优化资源的一种手段，它与社会经济制度之间没有必然的联系。"❶ 上述学者和体育界的研究成果，显然并没有终结举国体制的探讨和争论，2008 年北京奥运会前后，举国体制再次成为学界和新闻界关注的热点。

2006 年，梁晓龙等著的《举国体制》一书出版，认为举国体制是"我国政府为发展竞技体育，提高我国运动员的运动技术水平和国际综合竞争实力，实现奥运战略目标，当前正在贯彻实施的发展竞技体育的一系列理论观点、方针、政策、措施和发展方式的总和"。书中系统阐述了举国体制的历史成就和历史沿革，认为举国体制不具有制度属性，在社会主义市场经济条件下仍可以通过改革获得巨大生命力。

也有学者认为改革开放以来中国社会经济制度实现了由计划经济向社会主义市场经济的转变，从社会经济体制的视角界定举国体制有新旧之分，所谓旧举国体制主要是针对计划经济时代而言，其主要特征在于政府几乎行使全部管理职权、国家承担绝大部分经济义务、行政手段是主要管理手段。旧举国体制归结为一点就是政府以行政手段主导体育事业发展。改革开放以来，举国体制在改革完善过程中逐步形成具有中国特色的新举国体制，其特征是政府主导、社会自治和市场自主相结合，既能发挥举国体制"集中力量办大事"的传统优势，又能够调动社会力量积极性并与社会主义市场经济体制相适应。上述专家学者、体育官员从运行机制等不同角度阐释举国体制概念，进一步深化了对举国体制基本特征的认识，丰富和发展了中国特色体育社会科学理论，为本书提供了宝贵的借鉴。上述专家学者的论述尽管不尽相同，但是仍然可以大致归结为以下几点。

①举国体制是中国在竞技体育整体实力落后的特定历史时期采取的特殊管理体制，作为资源配置手段本身并不具备制度属性。

②举国体制为实现奥运强国梦发挥了重要历史贡献，其效率不容置疑，是中国竞技体育制胜的基本经验和法宝，欧美部分国家已经开始学习借鉴中国经验。

③初期的举国体制并不针对全部体育事业，而主要应用于竞技体育事业，市

---

❶ 杨桦、孙淑惠、舒为平、魏万珍：《坚持和进一步完善我国竞技体育举国体制的研究》，《北京体育大学学报》2004 年第 5 期。

场经济条件下的举国体制也不能适用于职业体育，但是可以面向群众体育。

④举国体制体现出政府主导以行政手段管理体育事务、以计划手段分配体育资源、以奥运会等重大国际赛事获胜为主要价值导向。

⑤举国体制形成于计划经济时代，在社会主义市场经济时代需要改革，以构建适应市场经济的新举国体制。

总之，举国体制是以政府主导为主要手段、以奥运会制胜为主要目标的竞技体育管理制度，是被实践证明了的具有中国特色的基本制度，在市场经济条件下仍要通过全面深化改革来坚持并完善这一制度。

（二）举国体制的特征

我国体育的举国体制建立于 20 世纪 50 年代，带有很强的计划经济时代的烙印，虽然随着 20 世纪 80 年代后我国经济体制的改革，为了适应市场经济的需求也发生了一定的转变，如部分项目开始试行职业化发展模式，但是举国体制所表现出的政府主控式的特征非常明显，具体表现为以下几个方面。

1.体育行政部门具有高度的管理权

国家体育总局是国务院领导下的政府机构，是我国体育事业管理的最高行政单位，对全国体育事业具有统一领导和全面监督的权力和责任。因此，以国家体育总局为首的体育管理机构在规划部署、资源分配、项目布局、工作监督上具有高度的管理权。

2.经费投入大部分由国家承担

虽然目前我国体育的职业化、商业化的发展有一定的进展，在一定程度上给予体育发展大力的经费支持，但目前体育事业大部分的经费投入依然依靠国家财政经费投入。特别是在竞技体育方面，绝大多数运动员走的是专业化的发展路线，运动员从小到大的培养（中小学运动队、各级各类体育运动学校以及各省、市运动队与国家队）大部分经费都是靠政府财政投入，虽然现在也存在一些商业赞助、社会资金投入等，但比例范围很小。

3.通过行政手段行使管理权力

总体来看，目前各国体育体制表现为三种主要类型。

（1）非官方型

非官方型是指体育的管理职能并非由政府机构行使，而是由民间社团来完成，这种类型以美国为代表，意大利、瑞典、日本等国也是这种类型。

（2）半官方型

半官方型是指体育的管理采用政府和民间社团协作完成，其协作方式基本采用政府宏观的规划、管理和调控，而民间社团则负责各项具体事务，其中以英国、法国为代表。

（3）官方型

官方型是指体育的管理职能完全由政府主导完成，我国使用的就是这种方式。

在举国体制这种官方型运行方式下，政府不仅承担着发展体育事业的重要义务，同时也掌握着体育发展各方面的主要权力。管理权力的行使通过行政手段加以执行和约束。各个项目的管理、发展等都有不同层次的行政机构和行政人员开展相应工作；从运动队的组建、运动员的选拔、运动等级的确定等都有相应的规章文件，确保整个体育工作运转的顺畅。

二、完善竞技体育举国制度的意义

（一）有利于发挥竞技体育在强国战略中的重要作用

改革开放以来我国社会的各个方面都展现出强大的生机与活力，综合实力不断提升，国际影响力也不断加大；社会、经济、科技、文化等各方面的发展令世人瞩目，在国际竞争中的大国地位日益显现。国力的强大使国人在各自的行业领域充分展现自己的才干，推动行业领域的强盛发展，我国体育事业特别是竞技体育在强国战略发展中同样发挥着重要的作用。由于有举国体制的保驾护航，我国竞技体育水平目前稳居世界前列，可以和美国等体育强国一较高下。第29届奥运会的成功申办与盛大举办，更加有力地彰显了中国的综合国力和体育实力。

（二）进一步确保竞技体育向高水平方向发展

当今世界，以奥林匹克为代表的竞技体育已经获得全世界的广泛关注，竞技体育比赛不仅是运动员技能较量的舞台，更是各国展示民族形象、国家实力与民族精神的重要舞台。运动员在奥运会等世界大赛中的成绩与排名，越来越受到本国政府和人民的关注和重视，各国也纷纷加大了竞技体育的投入力度。

经过多年的发展，中国竞技体育要保持现有的高水平发展地位，就必须继续提高现有运动项目的竞争力，并实现未来发展的可持续性，其中要做好以下几方面的工作。

1.做好资源的整合与调配工作

中国是竞技体育大国，运动项目众多、运动员数量庞大，而且涉及的工作范围广大，要想实现可持续发展，就必须对全国的体育资源进行有效的整合和调配。

2.处理好竞技体育内部与外部的矛盾

首先，竞技体育内部在项目发展重点部署、政策支持力度、各项工作衔接等方面就存在一些利益冲突和矛盾，需要很好地协调。

其次，竞技体育发展必须要与群众体育、学校体育等协调统一起来，竞技体育不能孤立于群众体育、学校体育之外，一定要与后两者形成良好的互动与联系，才能为竞技体育带来更大的立足支援与发展空间。

最后，竞技体育的发展与国家、社会的政治、经济、文化、科技发展息息相关，受到社会发展多方面因素的影响，竞技体育的可持续发展离不开社会各行业、各领域的大力支持。这说明竞技体育的发展既要厘清自身系统内部的发展关系、发展结构、发展顺序，还要处理好与外部的关系，只有获得外部的广泛支持（群众体育、学校体育、社会力量、国家政策等），才能做到发展的可持续性。

（三）有利于振奋中华民族精神

上文已经提及完善竞技体育举国制度对于促进竞技体育更好、更快发展是大有裨益的。而竞技体育的良好发展对振奋民族精神亦可以起到非常明显的积极作用。

实现中华民族的伟大复兴不仅需要强大的物质力量的支撑，还需要有强大的中华民族精神做支撑。而竞技体育的发展对于激发民族热情、提升民族向心力、振奋民族精神所发挥的作用是非常显著的。回顾中华人民共和国体育发展的历史，竞技体育所取得的每一次历史性突破都能引起国人精神上的强烈振奋和民族自豪。20世纪50年代，容国团在为国获得第一个世界冠军后所发出的"人生能有几回搏"的豪言，激励了数代运动健儿的奋发拼搏，并给各行业的人们强烈的感染；20世纪80年代的"女排精神"既激励着整个体育界不畏困难、顽强拼搏，也给国人树立了不畏强敌、敢于同体育强国一较高下的优秀榜样，鼓舞了全民族的社会建设信心和发展动力；2008年北京奥运会的成功申办与成功举办、中国奥运代表团完成的超越美国、夺得金牌榜第一的历史壮举，更加鼓舞了全国人民的民族精神和信心。

三、完善竞技体育举国制度的前提与举措

坚持和完善举国体制就是要将市场在资源配置中起决定性作用和更好发挥政府作用结合起来，在坚持基本制度的前提下，通过改革完善其具体的运行机制，不断推进竞技体育治理能力和治理体系现代化，为建设体育强国和实现中华民族伟大复兴贡献力量。

（一）完善竞技体育举国制度的前提

1.明确举国体制改革的制度基础

举国体制作为具有鲜明中国特色的竞技体育管理制度，是中国特色社会主义基本政治经济制度在竞技体育领域的具体体现。举国体制的建立、形成和改革完善必须始终在中国特色社会主义制度的框架内，不能够突破基本政治经济制度的制约。竞技体育举国体制改革，必须始终坚持中国特色社会主义发展方向，为实现党和国家确立的体育发展目标服务。

进行体育举国体制的改革是为了将市场在竞技体育资源配置中决定性作用和更好发挥政府作用紧密结合起来，更好满足新时代党和国家体育强国建设战略和奥运战略需要，满足人民日益增长的美好生活对竞技体育的需要。举国体制是具有中国特色的竞技体育管理制度，符合中国竞技体育发展不平衡、不协调的实际和现代竞技体育发展规律，是被中国竞技体育发展历史证明了的正确道路。深化竞技体育管理体制改革必须"坚持和完善举国体制"，不能削弱更不能废弃制度优势。举国体制作为资源配置手段既可以与计划经济相结合也可以与市场经济相结合，既可以被社会主义国家所利用也可以为资本主义国家服务。要正确认识具有中国特色的竞技体育举国体制的历史文化传统和现实基础，不能因为西方国家没有类似的体制机制就简单认为多余、应该废止，也不能因为西方国家采取社会化、市场化方式发展竞技体育就简单认为应该向西方学习、采取西方模式。盲目照抄照搬国外经验，并不利于中国竞技体育的发展。并且，中国不仅是世界上最大的发展中国家，还是最大的社会主义国家，在为人类探索更公平、更公正的社会制度方面理应有更积极的作为。

2.坚持党对举国体制改革的领导

中共十九大不仅向世界郑重宣示中国特色社会主义进入新时代，更是旗帜鲜明地重申"中国特色社会主义制度最本质的特征和最大的政治优势就是中国共产党的领导"，而且要坚定中国特色社会主义道路、理论、制度和文化自信。竞技体育具有国际通约性、可比性的特点，奥运会又是当今世界规模最大、水平最高的综合性竞技体育比赛，社会主义中国拥护奥林匹克价值观、积极参与奥林匹克运动，最根本的原因在于奥运会实现世界和平发展、促进人类团结进步的宗旨同社会主义的价值追求是基本一致的。中国参与奥林匹克竞争自然会尊重奥林匹克规则，但是这并不能以否定中国特色社会主义基本政治经济和文化制度为前提。举国体制中国特色体现在举国体制发展竞技体育的目的和配置竞技体育资源的手段方面。其中，党的领导和强有力的思想政治工作是举国体制最鲜明的特色。近代中国学习西方竞技体育的主要目的在"强国强种"，从近代的兵操、军国民体育，再到中华人民共和国成立以后的爱国卫生运动，无不体现了国家通过发展体育运动增强民族体质的夙愿。但是，没有国家独立和民族解放，单纯改进体制或者辛辣批判"国民性"不能改变中国人民的悲惨命运的。中国共产党成立以后，不仅中国革命面貌焕然一新，更重要的是开始学会运用马克思列宁主义作为观察解决中国问题的钥匙，中国人在精神上获得了独立，不再盲目追随西方资本主义发展模式，从此开创性地走出具有中国特色的革命、建设和改革之路，为实现中华民族伟大复兴开辟了光明前景。在中国共产党为实现中华民族接续奋斗的历程中，竞技体育发挥了特殊而又重要的作用，逐步形成了"突出国家利益至上性"的中国特色竞技体育举国体制，以各级体育行政部门为主导，构建了以"奥运战略"为龙头的"全国一盘棋、国内练兵、一致对外"的训练竞赛体制，实现了中国竞技体育的"超前"发展，在不同历史时期为洗刷民族耻辱、激发民族自信、增强民族体质、振奋民族精神、展示民族形象发挥了重要作用，"小球转动大球"更是成为世界政治、外交和体育史上的传奇。中国共产党的初心和历史使命就是实现中华民族伟大复兴，竞技体育在民族伟大复兴事业中占据特殊地位，在举国体制形成和改革完善过程中必须始终坚持党的领导。

（二）完善竞技体育举国制度的举措

1.保留体育行政机构建制

从中央到地方完备的体育行政机构、国家和省市两级专业运动队建制以及全国运动会赛制，是举国体制的基本组织框架，其中国家体育总局作为国务院直属机构则是体育行政系统的"龙头"，在国务院领导下负责统筹协调全国体育事业发展。在"大部制"改革的时代背景下，国务院对机构进行了大范围调整。国家体育总局肩负管理包括竞技体育在内的全国体育事业发展的重要职能，是贯彻执行竞技体育举国体制的最重要的行政力量。当下竞技体育与群众体育发展存在不平衡，国家体育总局面临改革和完善的压力。完备的体育行政机构是中国特色社会主义竞技体育发展道路的重要体现，国家体育总局作为国务院直属机构得以保留并完整建制，也体现新时代坚持和完善举国体制的明确信号。

2. 优化竞技体育资源配置

随着我国经济、社会的发展，体育事业也得到蓬勃的发展，国家及政府对体育事业的支持力度也持续加大，但是由于我国人口众多、体育项目范围广等因素，目前的资源仍然十分有限，这就必须使有限的资源合理地分配到不同的方面。资源的优化配置目的是保证分配的合理性和有效性，实现有限资源的价值最大化。竞技体育资源的优化配置要做好竞技体育系统内部的合理配置，以保证竞技体育自身的长远健康的可持续发展，另外，则是要做好与外部系统的优化配置（如竞技体育与群众体育、项目与市场、体育与文化等之间的资源配置）。这不仅要求理顺竞技体育系统内部的关系，更重要的是厘清政府、社会和市场之间的关系，要实现"政府主导、社会自治、市场自主"三者之间的协调运转和有机融合。因此，举国体制在未来的发展中不仅要发挥国家与政府的作用，社会和市场也要发挥相应的作用。

运动项目是竞技体育存在的主要载体，因此项目的结构布局一直是决定我国竞技体育资源配置的重要依据。多年来在"奥运战略"的指引下，我国针对性地对一些项目加大资源配置，从而形成了一批"优势项目"和"潜优势项目"，而且许多优势项目（体操、跳水、乒乓球、羽毛球、举重等）已经牢固地站在了世界领先地位。但这也造成了非优势项目与非奥运项目的发展资源相对不足。举国体制在未来发展中的重要功能就是要在保证优势项目发展水平的同时，加大对奥运非优势项目、落后项目与非奥运项目的资源供给力度。另外，要加强人才资源的优化配置。一方面要通过一定的政策和措施鼓励和扶持各地方加大对优质人才的培养和储备力度；另一方面要为人才的合理流动提供必要的政策保障，要打破原有的封闭式的制度限制、地域限制等，为人才的合理流动提供宽松的环境。

3.加强各种服务保障措施的力度

以往由于较为关注竞技体育的成绩，因此，在如何提高运动成绩、如何提高训练水平等方面给予的保障力度较大，各项工作也较为系统。随着竞技体育更加市场化、商业化、人本化，国家和政府要在教练员、运动员与各类体育人才的服务保障上给予全方位的支持。加大对人才出路的关注，为体育人才走向市场提供必要的政策支持和信息服务，为人才培养单位和人才需求单位建立桥梁，打破人才流动的制度屏障，实现高水平人才在流动中的价值增值。此外，要从体育人才的就业、待遇、健康、发展等方面健全竞技体育的社会保障体系，如加强运动员文化教育、为表现优异的运动员提供学习深造的机会，为退役运动员提供职业技能培训，为优秀退役运动员推荐用人单位，为运动员办理"失业保险""伤残保险"，提供医疗保障等，最大限度地为运动员的发展、出路等提供保障，降低其后顾之忧。

4.由要素驱动向创新驱动转变

在过去几十年的发展中，举国体制利用国家与政府主导优势、强有力的行政手段优势、资源保障优势等赢来了竞技体育的快速发展与稳步提升。改革和完善举国体制必须转变发展观念，更新发展方式，从数量和速度型发展向质量和效益型发展转变，从要素驱动向创新驱动转变。在发展思想上要有创新的意识，要将竞技体育的发展与群众的需求、群众的利益相结合，因此举国体制不仅要在竞技体育的发展中发挥作用，还要在群众体育、体育产业的发展中展现其强大作用，进一步推进竞技体育与群众体育、体育产业的协调发展。要推进训练管理的创新，根据现代运动训练的新规律、新要求构建运动训练的组织管理结构，提供理论和技术创新的环境与渠道；通过相关政策和措施鼓励大胆创新、勇于实践，激发工作中的创新意识；要推进竞技体育体制机制的创新与改革，根据现有体制机制中存在的矛盾和障碍，进一步转变与完善发展方式，进一步推进政府职能的转变等。创新驱动体现在发展的各个方面，要从思想到行动、从管理到训练、从组织体系到运行方式等都要有创新的意识和动力，推动竞技体育从要素驱动向创新驱动转变。

第二节　完善竞技体育后备人才培养体系

一、相关概念辨析

（一）体育人才

体育人才是指任职于体育行业，自身具有丰富的体育知识，掌握体育相关技能的人才。体育人才的种类有很多，教练员、运动员、体育教师、体育科研人员等都是体育人才。

（二）后备人才

后备人才最早出现在军队中，是军队专用术语，后来在《词言大典》中被解释为某些职业队伍的补充力量。随着体育事业的不断发展壮大，各国逐渐开始重视优秀运动员的补充与培养，因此体育界也开始渐渐引用"后备人才""后备力量"等词语。体育后备人才泛指优秀运动队下属的青少年运动员，也蕴含着青少年成才的意思。

（三）竞技体育后备人才

竞技体育后备人才的概念有广义与狭义之分，它包含在体育人才范畴内，从广义层面上来看，其指的是具备一定的体育专业知识、技能和技术，经过系统的理论学习和长期的实践锻炼后，能够为竞技体育事业的发展做出较大贡献的接班人。广义上的竞技体育后备人才涵盖面较广，具体包括竞技体育运动员、教练员、体育管理人员、体育科研人员、体育教师等。从狭义层面来看，竞技体育后备人才主要是指具有良好潜能的青少年运动员群体。

广义上的竞技体育后备人才与狭义上的竞技体育后备人才既有区别，又有联系。前者包含的是体育相关方面的专业人才，并不一定都经过青少年运动员的特殊训练阶段（运动员除外）；后者所指的对象、范围都是限定的，且对象具有潜在性特征，选材时要考虑选材对象的基本身体条件、发展潜力，而不能用成人的标准进行衡量。优秀运动员都会经历青少年后备人才培养这一阶段。

综上所述，竞技体育后备人才指的是具有一定运动天赋，经过系统训练后可能对竞技体育的发展作出较大贡献的青少年运动员。

二、竞技体育后备人才培养体系

（一）体育系统的竞技体育人才培养体系

中华人民共和国成立 70 多年来，我国竞技体育已形成了较系统的培养人才网络，基本上是按照传统体育学校、业余体育学校、集中体育学校、中专层次竞技体校到专业队的模式建成体系。

（二）高教系统的竞技体育人才培养体系

1.高等体育院校的竞技体育人才培养体系

国内各高等体育院校的竞技人才培养体系如下。

①由各院校自主领导、独立设置，学生源于高中毕业生和中专毕业生，完成 4 年制本科教学计划，培养目标、培养规格与体育教育专业趋同。

②院校与体育学院合作，省市专业队集中在运动系，学生源于本省市各级体校学生，专业队队员实行 6—8 年学制，培养目标定位在优秀运动员层次。

③院校与体育学院合作，集中部分专业运动队在运动系，还可从社会上招收部分高中毕业生和中专毕业生，实行两种学制和两套教学计划，培养目标是前两种形式的组合。

2.普通高校高水平运动队的竞技体育人才培养体系

①招生源于省、市专业队和中专层次体校，以及普通高中和传统运动学校。

②办队体制主要是各高校体育教学部或成立专门的运动训练部、俱乐部来管理，聘请专业队教练员或从事过专业训练的教师主持日常训练工作，参照运动队的管理办法和条件。

③教育体制一般学习文科专业，学习服从于训练和竞赛的需要，采取学分制管理，教学和评价标准均实行双轨制。

④培养目标如毕业时须发毕业证或学位证，攻读硕士研究生学位的基本上是保送，在学期间必须完成代表学校参加体育比赛的任务。

三、完善竞技体育后备人才培养体系的举措

（一）完善体育系统和教育系统

实现培养竞技体育人才的战略目标，体制上的保障至关重要。根据教育系统培养竞技体育人才的定位，体育系统的竞技训练必须与教育系统中的各级各类学校教育与训练的体制紧密连接，建立相适应的教育系统的竞技训练体制。以教育系统为主体、与体育系统训练体制相结合的教育与训练体制的设想如下。传统项目以普通中小学的单项运动班等的教育与训练为基础阶段；以重点中学的单项班、重点体育学校等的教育与训练为初级阶段；以中专运动学校的中专竞技体校等的教育与训练为中级阶段；以高等体育院校、普通大学高水平运动队等的教育与训练为高级阶段，各阶段衔接形成教育系统培养高水平竞技人才的体制，即教育与训练的一贯制。至于培养竞技体育的技能型和研究型人才，主要由高等体育院校和有条件的普通高校承担。

明确竞技体育人才培养目标的定位，进一步发挥教育体系的功能，理顺各层次竞技体育训练体制与教育系统的衔接结构，能保证学生训练系统年限的，同时提高学生运动员接受教育水平与档次，培养出更多的高水平竞技体育人才和适合社会需要和体育事业发展的体育专业人才具有战略意义。

（二）贯彻落实竞技体育后备人才交流法规，建立社会保障体系

一方面，各省、市体委应依据体育主管部门发布的《开展体育后备人才交流的暂行办法》等一系列法规性文件，制定相关的贯彻条例，并加大监督力度，对一些有碍后备人才发展的现象进行必要的疏通和制止，以促进后备人才的发展；另一方面，我国竞技体育后备人才的社会保障应和国家的社会保障制度同步发展，并根据竞技体育的特点，重点加强后备人才意外伤害保险，实行国家、培养部门和个人共担的机制。

另外，应遵循"效率优先、兼顾公平"原则，对为竞技体育贡献突出的青少年运动员提供优待的社会保障政策，如保送升学、选择职业等，以调动广大青少年运动员业余训练的积极性，减轻家庭的后顾之忧。

（三）做好竞技体育后备人才培养目标上的定位工作

从竞技体育人才成才率审视高教功能及其培养目标的定位。因为竞技体育的特殊性及其成才规律，我国达到世界级水平和国家级水平的优秀运动员人数较少、成才率较低。因此，发挥学校教育功能对优秀运动员的成才而言具有不可低估的影响与作用。

培养竞技体育后备人才时，既要对具有一定训练水平和天赋的运动员进行因材施教，通过实施系统化、科学化训练，培养出合格的竞技体育需要的人才，完成竞技体育的任务；又要对不能成为拔尖人才和在竞技运动方面潜能不突出的运动员分流，按照不同层次和专业进行教育和培养，使其成为适合国家经济建设和社会发展需求的复合型的人才。

根据国家竞技体育事业发展战略和社会对竞技与健身娱乐等诸方面的需求，竞技体育后备人才大致可分成三个层次，即技能型人才、竞技型人才和研究型人才。

1. 技能型人才

技能型人才的培养侧重于特定职业领域和掌握熟练技术与技巧的专业人才。例如，传统项目学校各单项体育俱乐部、基层业余训练、社区体育指导、健身健美中心教练、专项运动陪练等需要的人才。

2. 竞技型人才

竞技型人才的培养侧重于优秀运动员的教育与训练，具有较高竞技能力和运动潜力及其天赋的学生从事竞技运动训练群体的规模较稳定，学校应在招生、训练、科研、竞赛等方面制定相应的政策和实施方案，根据校园设施条件、师资力量等确定重点项目，促进竞技体育人才培养事业的发展。

3. 研究型人才

研究型人才的培养侧重于研究生层次的专业人才。高等体育院校、办高水平运动队条件较好的高校，要为国家发展竞技体育事业、实施奥运战略发展规划、培养高层次研究型人才。

总之，针对社会的需要和竞技体育事业的需要，确定高教对培养不同层次竞技体育人才的目标定位，不仅为体育系统和教育系统的训练体系由低、中阶段向高水平阶段发展敞开了大门，也让更多学生接受系统训练，从而发挥高教培养竞技体育人才的功能，同时又有利于教育系统业余训练与体育系统训练体制的接轨。

第三节　构建竞技体育核心竞争力动态链管理体系

近年来，随着世界各国竞技体育的快速发展，竞技体育管理作为竞技体育的重要组成部分，引起了研究人员的广泛关注。鉴于竞技体育管理主要涉及体育学和管理学的交叉学科知识，借鉴学科的理论来解决竞技体育管理领域的实践问题显得尤为迫切。竞技体育管理是一个复杂系统，此处主要从竞技体育核心竞争力的视角，初步构建我国竞技体育核心竞争力动态链管理体系，以期为我国竞技体育管理建设献计献策。

一、基本概念解析

（一）核心竞争力

竞争力是竞争优势的基础与源泉，而竞争优势是核心竞争力的动力与根本。也可以这样认为，竞争力是竞争优势的必要条件，但并非充分乃至充要条件；竞争优势是核心竞争力的必要条件，但也非充分乃至充要条件。竞技体育没有竞争力，必然无法形成竞技体育竞争优势；没有形成竞技体育竞争优势，则根本不可能构建竞技体育核心竞争力。在竞技体育舞台，某个项目不是只要具备了竞争力就能形成竞争优势，不是只要形成了竞争优势就能构建核心竞争力，而是具备了竞争力才有可能形成竞争优势，形成了竞争优势才有可能构建核心竞争力。

竞技体育核心竞争力是指作为主体层的比较优势指数强的项目和作为支撑层的比较优势指数较强的项目在较长时间内，在世界最高竞技舞台上所表现出来的一种竞争实力。

就我国而言，竞技体育核心竞争力是由作为主体层的体操、蹦床、举重、跳水、乒乓球、羽毛球和作为支撑层的游泳、射击、跆拳道在较长时间内，在世界最高竞技舞台上所表现出来的一种综合实力。它是包含多方面、多层次内容的复合概念。

（二）动态链管理体系

根据影响竞技体育发展的相关因素，以及竞技体育核心竞争力的构建内容，这里认为动态链管理体系是以奥运会竞赛为导向的项目创新管理机制、以人力资源集优为导向的人才梯队建设培养机制、以主体层和支撑层为结构导向的双元动态管理机制、以科研服务与技战术创新交互为导向的支撑保障管理机制、以竞技体育核心竞争力为发展导向的可持续发展培育机制等相互交融的内外部管理链的统一。

二、竞技体育核心竞争力动态链管理体系的构建

利用模糊数学思想，我们依据"模糊德尔菲法"与"模糊层次分析法"设计调查问卷，围绕竞技体育项目，立足绝对优势项目、优势项目和潜优势项目在奥运会上的竞技表现，可以初步筛选中国竞技体育核心竞争力动态链管理体系的主要因素。

我们选择了7名对象参与问卷调查。调查对象应符合的条件是能够全面了解竞技体育整体情况、接受此种问卷方式、对于竞技体育领域相关研究问题有全面了解。

得到问卷调查结果后，利用"模糊德尔菲法"对第一阶段收集的数据进行处理。根据筛选结果，建立中国竞技体育核心竞争力动态链管理体系与主要层级框架，将"外部管理链"与"内部管理链"作为第一层级；将经过筛选保留的体坛格局演变、竞赛形势演变、其他强国技战术演变、设项与规则演变、项目布局集群、人力资源集优、技战术创新、科研服务跟进等作为第二层级；将其他具体影响因素作为第三层级。

在中国竞技体育核心竞争力动态链管理体系主要因素的权重向量计算过程中（整个计算过程采用方根法）。首先，计算每个层级的模糊权重值与正规化后的权重值；其次，了解每一层级各项因素在整体框架中所占权重比例，进一步计算整体优势权重值；最后，依据中国竞技体育核心竞争力动态链管理体系目标下的

第二层级与第三层级的绝对权重值，对第二层级与第三层级各因素的重要性进行排序，统计结果如表 5-1 所示。

表 5-1　中国竞技体育核心竞争力动态链管理体系问卷数据分析结果 ●

第一层级		第二层级			第三层级		
因素类型	权重	因素内容	相对权重	绝对权重	具体元素	相对权重	绝对权重
外部管理链	0.408	体坛格局演变	0.302	0.123	洲际实力格局演变	0.160	0.020
					第一集团实力格局演变	0.516	0.063
					第二集团实力格局演变	0.324	0.040
		竞赛形势演变	0.316	0.129	绝对优势项目竞赛形势演变	0.528	0.068
					优势项目竞赛形势演变	0.336	0.043
					潜优势项目竞赛形势演变	0.136	0.018
		其他强国技战术演变	0.288	0.118	强竞争对手技战术演变	0.442	0.052
					较强竞争对手技战术演变	0.368	0.043
					次强竞争对手技战术演变	0.190	0.022
		设项与规则演变	0.094	0.038	奥运设项变化率	0.354	0.013
					奥运规则变化度	0.315	0.012
					奥运设项与规则演变影响度	0.331	0.013
内部管理链	0.592	项目布局集群	0.322	0.191	项目布局整合能力	0.232	0.044
					项目集群协同能力	0.366	0.070
					项目布局优化程度	0.402	0.077
		人力资源集优	0.398	0.236	人力资源战略管理	0.388	0.092
					人力资源梯队建设	0.362	0.085
					人力资源优化水平	0.250	0.059

●　邓万金：《中国竞技体育核心竞争力动态链管理体系研究》，中山大学出版社，2017，第 117 页。

续表

第一层级		第二层级			第三层级		
因素类型	权重	因素内容	相对权重	绝对权重	具体元素	相对权重	绝对权重
内部管理链	0.592	技战术创新	0.168	0.099	技战术创新能力	0.298	0.030
					技战术创新应用率	0.333	0.033
					技战术创新成功率	0.369	0.037
		科研服务跟进	0.112	0.066	科研服务价值度	0.273	0.024
					科研成果转化率	0.312	0.018
					科研成果有效率	0.415	0.021

从表 5-1 可知，在中国竞技体育核心竞争力动态链管理体系中，内部管理链（0.592）所起作用强于外部管理链（0.408）。在第二层级中，排在中国竞技体育核心竞争力动态链管理体系前 5 位的因素分别为人力资源集优（0.236）、项目布局集群（0.191）、竞赛形势演变（0.129）、体坛格局演变（0.123）、其他强国技战术演变（0.118）。由此可见，竞技体育的竞争最终是人才之间的竞争，项目布局集群程度影响一个国家的竞技体育整体竞争水平，竞赛形势演变、体坛格局演变和其他强国技战术演变也会在很大程度上左右或制约我国竞技体育整体实力。

在主要因素的个数选取上，此处参考丹尼尔在《管理信息的危机》一书中对主要因素的看法，并结合影响竞技体育核心竞争力的客观事实。在中国竞技体育核心竞争力动态链管理体系中，选取 12 个因素作为主要因素，依次为人力资源管理战略（0.092）、人力资源梯队建设（0.085）、项目布局优化程度（0.077）、项目集群协同能力（0.070）、绝对优势项目竞赛形势演变（0.068）、第一集团实力格局演变（0.063）、人力资源优化水平（0.059）、强竞争对手技战术演变（0.052）、项目布局整合能力（0.044）、优势项目竞赛形势演变（0.043）、较强竞争对手技战术演变（0.043）、第二集团实力格局演变（0.040）。究其原因，主要有以下四点。

①优秀竞技体育运动员是优异成绩的载体，中国竞技体育核心竞争力对优秀竞技体育运动员有高度的依赖性。

②绝对优势项目和优势项目是我国竞技体育核心竞争力的主体内容，其在中国竞技体育中的地位和作用无法替代。

③在近几届奥运会中，中国竞技体育由原来的第二集团的高排位进入第一集团，第一集团实力格局演变和第二集团实力格局演变都将影响中国竞技体育整体的走向。

④竞技体育之间的竞争归根到底是强国之间的竞争，我国竞技体育与强国之间存在制约与反制约的关系。

三、竞技体育核心竞争力动态链管理

根据中国竞技体育核心竞争力动态链管理体系中的主要因素，结合我国竞技体育发展的现实需要，竞技体育核心竞争力的发展需要从以下几方面进行思考。

（一）将奥运会竞赛作为导向建立项目创新管理机制

中国竞技体育核心竞争力的构建主体是反映中国竞技体育竞争实力的指向标。我国绝对优势项目、优势项目和潜优势项目为在日益激烈的奥运会竞赛环境中求得发展与强大，必须整合和优化项目集群，切实搞好项目人才梯队建设，探究国际体坛实力格局变化趋势和竞技体育强国的发展形势，确保我国竞技体育核心竞争力的主体适应新的竞争环境。因此，我国必须考虑"项目布局集群""人力资源集优""竞赛形势演变""体坛格局演变""其他强国技战术演变"，建立以奥运会竞赛为导向的项目创新管理机制，以提高我国竞技体育核心竞争力，从而保证我国竞技体育在国际上的影响力。

（二）将技战术创新与科研服务交互作为导向，建立支撑保障管理机制

技战术创新、科研服务跟进是我国竞技体育核心竞争力发展不可缺少的重要因素。

体育运动项目的技战术的创新能力是影响一个运动项目兴衰的重要因素。我国的乒乓球和跳水项目能一直处于国际领先位置，其重要原因就是战术的不断演变。将科研成果应用到体育竞技运动项目中，这对于促进项目的发展也是大有益处的。科研成果转化率与有效率是中国竞技体育强而有力的科研保障。以科研服务与技战术创新交互为导向建立支撑保障管理机制，即建立项目核心技战术科研平台、主体项目科研服务支撑平台、支撑项目科研服务辅助平台等，能为中国竞

技体育的发展提供智囊库，为提升我国竞技体育核心竞争力提供智力保障，对中国竞技体育整体实力的提高来说非常重要。

（三）将竞技体育核心竞争力作为发展导向，建立可持续发展培育机制

核心竞争力是中国竞技体育在一定时期获得持续竞争优势的一种能力，要想提高我国竞技体育的核心竞争力，可以从以下几方面入手：①舍弃区域省市的局部利益，着眼国家全局的整体利益；②放弃项目局部的短期效应，立足项目整体的长期效应；③舍弃竞技体育局部的低劣效率，立足竞技体育整体的优化效率；④树立提高中国竞技体育国际竞争力的意识，以顽强拼搏的精神应对世界体坛白热化的竞争，由被动地适应竞赛环境转向努力培育中国竞技体育核心竞争力；⑤树立核心竞争力意识，强化基于中国竞技体育长远发展的策略，建立以竞技体育核心竞争力为发展导向的可持续发展培育机制，对中国竞技体育的长远发展意义非常重大。

（四）将人力资源集优作为导向，建立人才梯队建设培养机制

"人力资源集优"是中国竞技体育核心竞争力发展的主导因素之一，人力资源管理战略、人力资源梯队建设、人力资源优化水平都将在很大程度上影响中国竞技体育整体实力。中国竞技体育核心竞争力依赖的是有竞争实力的项目，而项目的竞争优势依赖于高水平竞技体育人才。因此，中国要发展成竞技体育强国，就必须培养大批高水平的竞技体育人才。而领军人物的多少与优势项目面的宽窄决定着中国竞技体育核心竞争力的水平。因此，将人力资源集优摆在中国竞技体育可持续发展的重要位置，对培育和提升中国竞技体育核心竞争力至关重要。

（五）将主体层和支撑层作为结构导向，建立双元动态管理机制

中国竞技体育的核心竞争力是由主体层和支撑层两方面构成的。其中主体层是确保中国竞技体育核心竞争力的关键部分，支撑层是构成竞技体育核心竞争力的不可或缺的内容。竞技体育核心竞争力是一个动态的有机整体，是处于不断的发展变化中的。世界体坛格局的演变、竞赛形势的变化等都是影响竞技体育核心竞争力的重要内容。因此，竞技体育核心竞争力的管理应该首先立足于中国竞技体育的主体层项目，然后不断提升支撑层项目的实力。将主体层项目与支撑层项目进行平衡管理，在中国竞技体育核心竞争力动态管理机制的建立过程中，充分考虑"第一、第二集团实力格局演变""绝对优势项目、优势项目竞赛形势演

变"和"强与较强竞争对手技战术演变"的变化形势，建立奥运竞赛市场适应机制，以提高中国竞技体育的整体适应能力；建立项目资源共享机制，促进项目集群成果转化，提升竞技体育整体实力。

第四节　推进竞技体育向资源节约循环型方向发展

离开了资源，竞技体育的可持续发展就是一句空话。目前我国的竞技体育正处在转型发展的关键时期，如何从发展理念、发展目标、发展方式上走向资源节约、资源循环利用的发展轨道，促进中国竞技体育的可持续发展，这个时代对我国竞技体育的发展提出了要求。

推进竞技体育向资源节约循环型方向发展，有利于从源头防治或缓解资源紧张的矛盾，改善竞技体育的生态环境，使竞技体育从资源浪费与闲置的粗放型发展方式向科技含量高、经济效益好、资源消耗低、环境污染少的发展方式转变。然而，竞技体育要实现这样的转变并不是简单嫁接循环经济的方法就可以实现的。竞技体育必须客观面对自己面临的困难与挑战，要在深刻理解与认识循环经济视域下，在资源节约循环型竞技体育发展方式的基础上，推进竞技体育向资源节约循环型方向发展。

一、资源节约循环型竞技体育发展方式的内涵与目标

（一）资源节约循环型竞技体育发展方式的内涵

长期以来，我国的竞技体育是在"举国体制"下，通过粗放方式的人力资源和物力资源密集投入来发展的。粗放式的发展模式给我国竞技体育可持续发展带来了巨大压力。要从根本上缓解资源约束的矛盾，就必须节能降耗，不断提高资源利用效率，走一条资源节约循环型的发展道路。而推进竞技体育向资源节约循

环型方向发展正是解决这一问题的有效措施。

推动竞技体育向资源节约循环型方向发展是指：以循环经济理论和两型社会发展理念为指导，以节约资源、提高资源的利用效率为目标，以"减量化、再利用、资源化"为原则，在社会不同利益主体的共同参与下，将竞技体育的早期专项化训练、优秀运动员的成才，直到运动员退役都纳入考虑范围；从各种体育设施建设到各种体育器材产生，从各种竞技体育赛事的准备到赛事的结束等，整个竞技体育"动脉系统"的工作过程与资源闭路循环和资源梯次再利用、循环利用方式的"静脉系统"工作有机结合，形成竞技体育"动静脉系统"协调、平衡发展。目的是最大限度地减少和杜绝竞技体育资源的浪费与流失，实现竞技体育资源的可持续循环利用。

（二）资源节约循环型竞技体育发展方式的目标

以循环经济的基本原理与我国"两型社会"建设为导向，以创新发展理念、协调发展理念、绿色发展理念、可持续发展理念、公正发展理念、法治发展理念为指导理念，以高效节约、高效利用、循环利用竞技体育资源为目标，通过思想、体制、机制、技术的创新驱动改革，通过改革调整与协调竞技体育不同利益主体的利益关系、竞技体育法治建设与绿色体育教育，强化节约资源、清洁利用资源、循环利用资源的自觉意识与守法行为，不断完善与竞技体育相关的循环经济政策及其实施措施，构建以政府为主导、市场为主体、社会不同利益主体共同参与的竞技体育经营管理模式，在不断完善竞技体育市场秩序与规范的前提下，充分发挥市场竞技体育的资源配置、资源利用、资源代谢物处理、资源再生、资源循环利用等方面的主力军作用；加快绿色体育的装备产业、资源再生产业、环保产业的生态现代化建设，从而促进竞技体育的人与自然、人与人、人与社会的和谐及人的全面发展，以及竞技体育发展战略与全民健身战略及其相关体育产业、体育文化的协调的可持续发展。

二、推进竞技体育向资源节约循环型方向发展的思路

（一）夯实体制改革的基础

推进以项目协会为核心，不同社会利益主体共同参与公共体育资源配置、利用、经营、管理、监督，以及评价的多元化、社会化主体构建的体制改革，这是竞技体育发展纳入和发展循环经济，促进竞技体育配置与利用效率提高的前提条

件。竞技体育的体制改革要在理顺与明确公共体育资源配置中政府、企业、协会与其他社会群体之间利益关系的基础上，通过法律的形式定位不同利益主体的责、权、利，使以项目协会为核心的体育社团自治组织发挥作用。

（二）更新机制运行的路径

改革将使政府从掌舵与划桨的统揽的位置，置换成为专营掌舵的功能。民间资本及其体育社团组织在脱离政府人、财、物的全额资助的情况下，能否自生、自治、自律、自强起来，是决定改革成败的关键要素。为此，应构筑一个社会化、民主化、市场化、科学化、标准化、制度化、规范化、法制化的民间社会资本及其体育社团组织。运行机制应当是构建和推进资源节约循环型竞技体育发展方式的重中之重，即不断完善市场决定竞技体育资源配置与利用的运行机制，是循环经济能否在竞技体育领域得到应用与发展的关键。

（三）健全与完善竞技体育的保障机制

健全和完善竞技体育的保障机制是推进竞技体育向资源节约循环型方向发展的重要保障。竞技体育转型发展所涉及的体制与机制改革能否成为推动中国体育可持续发展的动力，能否实现改革的终极目标——最大限度提升我国有限的竞技体育资源配置与利用效率，最大限度地满足"全民健身战略"与"奥运金牌战略"的均衡发展，实现竞技体育公共体育资源配置与服务均衡化的可持续发展，关键在于要有一系列的保障制度。

三、推进竞技体育向资源节约循环型方向发展的对策

（一）建立竞技体育资源节约循环利用的市场化运行机制

构建竞技体育资源节约循环利用的市场化运行机制，其重点是市场的准入标准与制度，包括竞技体育的绿色准公共产品的生产、消费、售后服务、质量监测、评价及其相应的奖惩标准，以及实施的责任。

1.单项协会的体育社团组织及其相应企业、民间资本的做法

单项协会的体育社团组织及其相应企业、民间资本，根据自己中长期绿色体育的发展规划，构建其不同性质的资源节约循环型竞技体育俱乐部。一般来说，资源节约循环型竞技体育俱乐部可分为职业俱乐部和业余俱乐部两个类别。这两

类俱乐部的发展目标、发展任务、资源配置的比重等都是不同的。

2.国家级某一单项协会的体育社团组织的做法

国家级某一单项协会的体育社团组织负责国家层面的该项目俱乐部的建设与经营。俱乐部性质为职业俱乐部，其目标与任务是围绕奥运会、世界锦标赛等世界重大比赛而展开各种绿色产业经营与资源储备、资源再生、资源循环利用的工作。单项协会的体育社团组织是该项目俱乐部的经纪人，负责俱乐部绿色发展方向、绿色财物的保障（俱乐部"人、财、物"依项目协会的中长期计划来保障）以及相关外事活动的法务手续的办理。俱乐部的人员构成及其人事安排与工资待遇、社保等按照市场化的企业运行机制办理。

单项协会的体育社团组织推进竞技体育资源节约与循环利用的经费来源主要有以下几种。①通过计划投标的形式获得。获得国家层面的公共体育政府 PPP（Public-Private Partnership，政府和社会资本合作）公共采购计划；②在法律允许的范围内接受社会各界的资金赞助；③主办国内外大型赛事的盈利分红；④竞技体育环保产业、资源再生服务、资源循环利用的有偿服务所得。

单项协会经费使用情况的监督，采用政府与社会不同利益主体共同组成的监察组织实施财务监控；对于违规、违法行为依法追究法律责任；对于未能达到政府绿色竞技体育要求的单项协会或企业采用市场化办法，根据市场评估指标的具体情况，依法调整政府 PPP 公共购买计划（减少或取消资源配置计划），以实现资源配置与利用效率的最大化。

3.省、直辖市某一单项协会的体育社团组织的做法

省、直辖市某一单项协会的体育社团组织负责省、直辖市层面的项目俱乐部建设与经营。俱乐部可分为职业和半职业化两种，其目标与任务围绕培养奥运金牌战略的后备人才、全面落实资源节约循环型竞技体育发展规划的各项规定。省、直辖市同时还要因地制宜，根据本地区的实际情况制定更有利于当地节约竞技体育资源、循环利用资源的具体政策与措施。省、直辖市职业俱乐部的经费来源与国家一级的体育组织相同。

（二）解决竞技体育与大众体育的资源配置失衡问题

全面推进全民健身战略计划的实施应当是不同层次单项协会的体育社团组织未来工作的重点。而要全面推进全民健身战略计划实施，关键在于处理好公共体育资源配置的分配问题。在保障竞技体育发展战略得以良好实施的基础上，

不断完善大众体育资源配置，在资金来源上进行制度改革与相关法规的完善以及同步进行。

解决大众体育资金来源的具体路径有如下几种。

①适度加大政府以 PPP 方式购买公共体育服务的规模，使体育社团组织开展大众体育的基本设施建设及其资源环境保护、废旧设施的回收与循环利用的所必须支出的费用、社会体育指导员有偿服务的社会贴现率等得到保障。

②体育社会组织依据相关法律接受企业或其他公益组织的体育捐献资金以及为体育社团组织举办大众体育赛事提供的资金支持。

③体育社团组织提高环保服务、资源再生服务、资源循环利用服务所获得的有偿服务酬金等。

（三）利用好闲置资源，提高竞技体育资源的利用效率

我国存在大量的竞技体育闲置资源，造成资源闲置的原因除了管理理念和管理方式存在问题外，还跟竞技体育公共资源的无偿使用密切相关。无偿使用竞技体育公共资源导致资源消耗和损害加大。公共产品与服务的"搭便车"现象是造成环境污染与破坏难以解决的根本原因。而要解决这个问题就必须采取有偿利用资源的办法，设置一定高度的门槛，作为维护资源、更新资源所必需的费用。而要获得这样的资金，就必须对竞技体育资源利用收取一定费用。对于绝大多数的老百姓来说，支付一定费用来满足自己的体育娱乐、体育健身需求是有一定难度的。如果采用与我国社会福利中医保卡相类似的做法，那么就可能会化解这个难题。因此，可以尝试构建健身卡制度。可以根据不同社会需求，设置不同层次的健身卡。健身卡通常在持卡人户籍所在地有效。离开原住地外出打工时，按当地政府相关规定，可办理临时健身卡。

（四）搭建产学研共同体，促进中国绿色体育产业的可持续发展

资源节约循环利用型竞技体育发展方式的生存和发展是需要科学技术作为支撑的。这是由于竞技体育所造成的环境污染、资源浪费等问题与科学技术的落后息息相关。科技水平的落后会导致竞技体育基础设施建设的技术、运动器材生产方面的落后，进而造成环境资源的过度消耗与生态环境的破坏。反之，科学技术水平高，资源的利用率和节约率就高，排放到环境中的污染物数量相对就少，资源浪费和治理废弃物的成本就低。总的来说，科学技术本身就是影响循环经济的关键。推进资源节约循环利用型竞技体育发展，就必须大力发展科技。竞技体育

的社团组织要广泛吸纳各行各业的科技人才及其等相关的高校、科研机构的专家学者、企业、政府相关职能部门的资深人员，让他们共同组成"产学研"共同体组织，研发竞技体育市场需要的循环经济产品与服务，并在此基础上形成"产学研"一体化的经济实体，服务竞技体育与社会。所获得的利润按股份分红。只有把科技助力下的竞技体育的环境经济做大、做强，才能促进中国绿色体育产业的可持续发展。

（五）构建资源节约循环利用效率的多元化评价主体

如果推进资源节约循环利用型竞技体育发展方式的主体是竞技体育社团组织，评价其运行效率的主体也是竞技体育社团组织的话，那么其资源配置与利用的效率好坏很难保证具有客观性和公正性。因此，应当与其他利益主体组成一个多元化的评价主体。这个主体的核心人物不再是体育社团组织，而是以政府为核心，其他利益主体共同参与的综合性评价集体，即社会不同阶层的人员。通过听证会的形式或一般审计的形式，评价竞技体育资源节约循环利用的效率。

（六）促进资源节约循环型竞技体育运作实体的现代化建设

当完成全覆盖的竞技体育资源配置与利用，以及权力交割工作之后，以项目协会为核心，不同社会利益主体共同参与公共体育资源配置、利用、经营、管理、监督、评价的多元化、社会主体的体制改革工作也就宣告结束。从此，以非营利为目的，服务竞技体育事业，追求社会利益最大化的政府组织之外的公益性竞技体育社团组织拉开现代化自治建设帷幕。公益性的竞技体育社团组织如何在脱离政府全额资助情况下自存、自生、自律、自治、自强地发展壮大，关系到资源节约循环型竞技体育发展方式能否生存与发展的关键。如果改革后的自治体组织不能自负盈亏，而靠国家财政生存，那么改革就是不成功的。为此，以单项体育协会为核心的体育社团自治体组织首先要解决自我生存的问题，在此基础上从法制化、社会化、市场化、制度化、民主化、标准化六个方面入手进行自治体的现代化建设。

1. 法制化

在法制化建设方面，要注意制定保护环境和资源节约与循环利用的相关规定。运用法治手段来处理竞技体育活动中的资源浪费、闲置及环境污染现象，要着力推行体育政府部门的权力清单制度，理清体育社团与政府产权的关系，强化对竞技体育运行中环境保护的行业监管，使循环经济在竞技体育领域的运行中可以得到法律的保护，以提高循环经济的运行效率。

2.社会化

在保障其体育社团组织的非政府性和公益性的基础上，进一步依托社会资源，建立与市场需求相符合的竞技体育公共服务供给体系，建立政府、市场、民间社会资本、体育社团组织协调运作的体系，以此作为创新我国竞技体育资源配置与利用的新型举国体制及其运行机制的有益尝试。

竞技体育社团自治体组织在制定政策措施方面，要努力获得政府的体育部门和教育部门，以及其他公益性社会组织的协同配合，将更广阔的社会利益团体、俱乐部、企业和个人等的力量纳入政策制定中。政策除了保障奥运争光战略的实施以外，还要考虑竞技体育资源的配置与利用同全民健身战略、体育产业、体育生态环境治理、资源环境的保护、绿色体育宣传与推广、区域社会经济发展有机结合，使政策更加适合国情以及客观实际的发展，适合体育强国建设的需要。

在人、财、物的投入方面，竞技体育社团自治组织要走向社会，向社会各个领域渗透。注重用市场盈利的原则，拓展竞技体育社团自治组织的资金渠道。同时，政府要确保绿色公共体育基础设施及其产品生产、服务的财政投入，完善投资融资渠道和税费优惠政策，提高竞技体育社团自治组织的社会认知度和形象，调动企业资金投向竞技体育的经济市场，不断提高竞技体育社团自治组织在竞技体育绿色市场中的占有率，扩大受益人群，让更多人享受绿色体育带来的快乐及其改革的成果。

3.市场化

提高体育社团自治组织的自我发展和自我管理能力，加快体育社团组织由依附政府发展向独立运作转变，让它们成为面向市场、独立运作的"实体性"体育俱乐部。引进经济杠杆的调节和优胜劣汰的竞争，利用公共体育自身和产品的影响力，同企业和民间资本结合，在利益共享、困难共担、资源互补、自律携手、共同进步的市场环境中获得发展壮大。

具体做法是竞技体育自治组织可以运用招商引资，即引导、鼓励社会组织与市场组织的方法，将民间资本引入我国资源节约循环型竞技体育的发展体系中。让这些对绿色竞技体育感兴趣的知名企业家成为竞技体育社团自治组织的领导班子。竞技体育社团自治组织要充分发挥企业家的商业优势，将商业发展理念和竞技体育的社会功能、资源功能、环境功能有机结合，实现竞技体育和社会经济、环境三重效益。尤其要大力强化绿色体育市场、弘扬勤俭办体育、高效利用资源、循环利用资源的循环经济功能，丰富和扩展其内涵，吸引企业赞助绿色体育。推动绿色体育赛事，建立绿色体育品牌效应。促进中国绿色体育产业的可持续发展。

4. 制度化

在积极推进体育社团自治组织的实体化进程中，人员、机构、经费等方面应逐步独立。这样体育社团自治组织的法人制度，以及其内部结构治理与完善才能进入真正意义的民主化阶段，即民主决策，按章程办事。坚持市场运作模式，建立财政、人事保障制度和绿色经营的管理制度，以有效地增强体育社团的自我发展能力。具体做法如下。

首先，制定并施行科学性较高的决策程序。这个程序包括深入实际，搞好决策前期调研，做到不调研的问题不决策。

其次，建立专家咨询制度，做到大的项目不论证不决策，防止决策失误。制定公开的重大决策必须采用社会问卷调查制度，广泛征询社会意见和反应，倾听群众声音。对重大决策实行新闻公开制度，向社会公示。制定的决策和施行程序应达到制度化。

最后，需要指出的是，过去出现的竞技体育资源浪费与闲置现象及其环境问题，其实也受到没有有效的权力制衡机制和监督制约机制的影响。从而使绿色体育流于形式，因此，推进资源节约循环型竞技体育发展方式，必须要将制定的各种循环经济的做法和规定以制度的形式表现出来，并通过严格的监管保障制度不受破坏。通过强化"自律"和"他律"，在推进资源节约循环型竞技体育发展方式中产生积极效应。

5. 民主化

通过民主化的职权分割，形成一个各尽所能、追求高效率的竞技体育管理体制，这样既能减轻政府部门的负担，也能培养社会力量对竞技体育资源节约与循环利用的执行能力。在民主形式上，政府职能应由"掌舵"向"划桨"转变，政府应侧重宏观管理竞技体育发展战略的制定与实施，让竞技体育社团自治组织负责绿色体育的具体执行工作，从本质上看，这是中国竞技体育民主化建设走向更高层次的一个具体表现。建立政府与竞技体育社团的相互合作和协调，促进竞技体育管理体制是资源节约循环型竞技体育发展方式的一大亮点。

6. 标准化

首先，要加强体育社团自治组织构建标准化，推动体育社团自治组织由自由松散向标准化转变，切实加强组织机构的现代化建设，做到部门健全和结构合理。

其次，要加强体育社团自治组织提供服务的标准化。它包括对资源节约、运动器材设备的使用、废弃物处理、资源再生及其循环利用等。通过制定以循环经济为依据的资源与环境节约化、再利用标准，提高竞技体育管理者自身的素质和管理水平，严格行业的绿色自律。竞技体育社团自治组织要恪守行业自律，明确行业行为规范，竞技体育的资源节约循环利用才有可能。

最后，标准化指标的构建、实施、考评还要接受政府、市场、社会的共同的监督。竞技体育资源配置的节约、循环利用的状况可以通过标准化的指标体系来检验其效率的高低。

第六章

竞技体育的重要发展走向 —— 体育话语权的提升

　　竞技体育各项赛事深受全世界各地人民的关注，而竞技体育话语权关乎着各国在各项体育赛事中的公平判罚，同样也关乎着国家在世界体坛中的地位。自中华人民共和国成立以来，我国便一直致力于提升竞技体育话语权，经历了十分漫长的发展过程，本章着重对体育话语权的内涵、我国竞技体育话语权的发展问题、提升竞技体育话语权的策略进行了研究，帮助读者更全面地了解竞技体育话语权。

第一节　体育话语权的内涵

　　体育话语权的内涵十分复杂，无论是在国内还是在国际上，关于体育话语权的概念都有不同的界定。本节对体育话语权的内涵进行了全面解读，包括体育话语权的概念界定、体育话语权的表现形式、体育话语权的重要作用与体育话语权的影响因素，帮助读者全面了解体育话语权的内涵。

一、体育话语权的概念界定

　　体育话语权的概念一般是指对国际体育事务的解释权、对国际体育标准和体育项目规则的制定权以及对是非对错的评议权、裁判权。这是对体育话语权较为笼统的说明与概括，在实践中，人们可以通过国内、国外两个层面来对体育话语权的概念进行理解。

　　从国内层面来说，其主要是针对人民群众的各项参与体育事务的权利。人民群众应该享有能平等参与体育活动的权利，并且在校也能接受体育教育；此外，还有参与创造体育文化、享受体育产品、从事体育产业、管理体育事业等行为的权力；在参与这些体育相关活动的过程中，还需要获得平等的收益。由此可以看出，在国内这一层面上，体育话语权的享受主体主要是人民群众。

　　但从国际这一层面来说，体育话语权的主体就变成了国家，更多是指一个国家的竞技体育综合实力、国际体育事务参与程度、国际体育发展影响力与国际体育组织的控制力。尽管它所强调的是国家在体育方面的话语权，但其与国家的核心利益、综合国力都息息相关，国际之间的博弈也少不了体育话语权的助力。

对于国家来说，体育话语权是国家综合竞争力不可或缺的组成因素，也是国家软实力不可忽视的重要组成部分。因此，增强国家体育话语权对于国家提升自身影响力、树立良好的形象、保护国家的安全、提升国家在世界格局中的地位都有着十分重要的作用，对于国家来说是十分重要的。

二、体育话语权的表现形式

体育话语权并非一个具体直观的物体，需要通过不同的活动形式才能具体表现，才能被大众意识到并直观地被了解和研究。体育话语权的表现形式根据国内、国外层面的不同也显示出具体的不同。

就国内而言，体育话语权的表现形式基本围绕着体育活动参与权、体育教育享受权、体育文化创造权、体育产业管理权而展开。这四种表现形式与大众体育话语权的拥有息息相关。首先是体育活动参与权，国家首先需要保障人民群众的参与权才能保证人民群众后续的话语权。体育作为人类生产活动的附属品，产生的根源是促进人类更好的生存和发展，天然地具有很强的教育性，其教育所涵盖的方面包括身体、文化、精神、人格的培养和塑造，体育教育是当前人才培养不可或缺的重要一步。体育文化是无数人民智慧的结晶，每个主体都能够参与到体育文化的创造中，每个主体都是体育文化创造过程中不可或缺的一分子，人民的创造力是体育文化生命力经久不衰的源泉。体育产业是当前经济发展的重要支撑，为增强国家实力、促进民族进步贡献了不可忽视的作用。人民群众和社会组织对于体育产业的管理权和收益权都需要得到保障，体育产业管理权是体育话语权发展的重要基石和平台。国内体育话语权的这四种权利缺一不可，它们共同保障了人民群众的体育话语权。

体育话语权放置国际而言的话，主体变为国家，其由体育赛事举办权、国际体育事务管理权、国际体育争议仲裁权组成。体育赛事的举办权关系到国家在国际上是否有足够强大的体育话语权，回顾中国国际体育赛事的举办历程，可以明显看出，从中华人民共和国成立以来，我国不断承接了各种类型的国际体育赛事，我国自主创立或主导的大型国际体育赛事也越来越多，这从侧面证明了我国自 1949 年之后，体育话语权在不断提升。国际体育事务的管理权主要体现在我国加入了越来越多的国际组织，担任国际组织领导职务的人也越来越多，我国在国际体育事务中的管理权逐渐增加，体育话语权进一步得到提升。国际体育争议的仲裁权属于体育话语权中的隐性权力，但其地位和影响在体育话语权中却十分重要。体育争议仲裁权常年都被把持在一些欧美资本主义国家手中，这些国家掌握了大部分对于体育争议的仲裁权，尽管中国近年来在仲裁权方面的声音越来越大，但对于体育争议仲裁权的掌握始终不尽如人意。由此可以看出，尽管我国体育话语权正在不断加强，但是还需要不断努力。

三、体育话语权的重要作用

（一）维护我国合法权益，发扬体育精神

体育话语权关乎着我国体育合法权益，提升我国体育话语权就是维护我国体育合法权益不受到损害和侵犯。在国际舞台上，由于各种因素，体育话语体系被西方一些既得利益集团牢牢掌控，这样一种形势对于许多包括中国在内的发展中国家十分不友好，后者在各种国际体育赛事中都很有可能受到不公平的待遇，与体育精神相违背。因此，我国只有不断提升自身的体育话语权，才能更加有力地维护自身合法权益。

（二）肩负国际责任，贡献中国智慧

我国国际体育话语权的不断提升让我国在国际舞台上的作用更加明显，我国不断承办各种重大的国际体育赛事，在制定国际比赛制度与决定国际体育发展策略等方面，我国也有重要贡献。由此可以看出，体育话语权的提升能够提升我国在国际事务中的话语权；体育话语权的提升离不开我国综合国力的提升、经济的高速发展以及在体育事业上所取得的成果。随着我国在国际事务中的地位越来越重要，我国更要积极地提升我国体育话语权，投入各种国际体育事务，履行自身的权利和义务，促进国际体育事业的公平发展，在国际舞台上展现中国智慧。

（三）助力外交事业，树立大国形象

中华人民共和国自成立以来就制定了和平共处五项原则，坚持走和平发展的道路，与其他国家始终保持友好往来。在中华人民共和国成立初期，国际关系动荡复杂，而我国另辟蹊径，通过体育打开了外交事业的大门，体育外交在化解国家矛盾和冲突方面有着十分突出的贡献。我国体育外交最早是从"乒乓外交"开

始的，这么多年来，我国靠最初的"乒乓外交"打下"体育外交"的基础，为我国外交事业做出了突出的贡献。体育话语权的提升能够进一步帮助我国探索体育外交的新途径、新方法和新内容，由此进一步助力我国的外交事业，树立大国形象。

（四）激发爱国热情，增加民族自豪感

体育话语权的提升不仅对我国国际影响力有所帮助，对我国社会也有巨大影响。体育话语权的提升显示着我国在国际上的地位越来越重要，这对于激发人们的爱国热情有着很大的助益；随着国家在国际上的影响力越来越强，大众的民族自豪感也将在此过程中得到激发。

（五）培育体育文化，提高体育热情

随着我国体育话语权的提升，国内对体育的关注度也将越来越高，这对培育我国特色社会主义体育文化有着重要意义。我国特色社会主义体育文化是我国在探索社会主义的道路上不断总结经验慢慢形成的。具有中国特色的体育话语权能培育我国体育文化，具有中国特色的体育文化能滋养体育话语权，这是一种良性循环，能够促进我国体育事业的快速发展。

随着医疗水平与人民生活水平的不断提高，人们的健康意识也在不断增强，对于体育活动的需求正不断加强。而我国国际体育话语权的不断加强会带动国内对于体育事业的关注度，体育产业将逐步向着"高精尖"的方向发展，促进我国第三产业的发展。

（六）培养体育人才，建设体育强国

国际体育话语权的提升会吸引更多的人关注到体育活动。尽管我国当前在培养体育人才方面已经有了很大的进步，但不论是从数量还是质量上，都还不能完全满足我国体育事业发展的需求。我国在发展特色社会主义体育事业的道路上需要有足够的体育人才，体育人才是建设体育强国不可或缺的条件。而随着我国国际体育话语权的不断提升，会有越来越多的人投身体育领域，各大院校、各大科研院所也都越来越注重对综合体育人才的培养，越来越注重对体育学科的建设，体育人才在质量上与数量上均会得到快速发展。

四、体育话语权的影响因素

体育话语权的影响因素主要分为历史机遇、国家背景和个人条件。这三个因素从不同的角度对国家体育话语权的获得与提升产生了重要的影响。首先，历史机遇是从世界体育的发展路程进行阐释的；其次，国家背景顾名思义与国家政治经济条件、国家关系和地理优势等具有很强的关联性；最后，个人条件与个人语言优势、体育特长、身份地位和人际关系有着紧密的联系。这三个影响因素对体育话语权的影响需要具体问题具体分析。

（一）历史机遇

1.世界体育发展初期

国际体育早在 19 世纪就开始出现了，其中的主导者是一些西方国家。而最早成立的国际体育组织的基本价值导向、运作机制、体育活动内容、组织体系基本都是源自几个西方国家最初顺应的国际体育的发展方向，以及做出的引领创新性改革。国际体育组织的出现改变了世界体育发展的格局，同时也促进了世界体育演变的速度，正因为如此，一些国家在国际体育话语权的竞争中处于绝对优势，它们分别为英国、法国、苏联和美国。

（1）英国在世界体育发展中的贡献

英国早在 1850 年就完成了社会体育由前工业社会向工业社会的发展转换。在长达 150 年的社会转型时期，英国对于体育的认知也在不断转换，对于体育的功能和价值也有了新的认识。在这一时期，英国陆陆续续组建了许多体育组织，体育运动也逐渐向规范化和标准化发展，体育项目也完成了由传统民族体育向竞技体育的转型。这一时期，体育运动在社会范围内引起了很大的反响，大众参与体育项目的热情不断升高，学校也慢慢将体育教育引入基础教育体系，英国社会逐渐形成以竞技运动为基础的教育理念，这种理念的产生为奥林匹克运动的全球性发展创造了条件。

（2）法国在世界体育发展中的贡献

法国在世界体育发展中的贡献主要是指其在组建国际体育组织方面的贡献。在体育国际化和国际体育组织化方面，法国直接促成了奥林匹克组织、国际田径联合会和国际足球联合会等世界重要体育组织的诞生，一举奠定了今天国际竞技体育组织的基本框架。除此之外，法国对于国际体育民主化的进程也有突出贡献，由此可以看出，法国在国际体育组织中的地位不可忽视，其话语权也处于绝对优势的地位。

（3）苏联在世界体育发展中的贡献

苏联是全世界第一个开创举国体制这一体育发展模式的国家。他们是第一个以国家力量来整合体育资源的国家，在体育事业中融合了政治力量，开发了体育的政治功能。得益于举国体制体育发展模式，苏联的体育发展进入了高速发展阶段，苏联整体体育水平和国际体育实力也在这一过程中得到了迅速提高，在国际上的地位越发突出。苏联这一体育发展模式为其他国家发展体育事业提供了新的切入点，打破了体育运动只是业余运动的认知局限。

（4）美国在世界体育发展中的贡献

在很长一段时间里，美国都以其在世界范围内占据绝对优势的经济实力掌控着国际体育的经济命脉。随着经济全球化，各国之间的联系越发紧密，体育也在向全球化的方向发展。体育全球化不可避免地要有相当牢固的经济实力进行支撑，但传统的体育发展模式因为其老旧的观念、业余的发展模式的束缚，在发展的过程中并没有一个强有力的经济支撑模式，经济来源缺乏。而美国十分有力地扭转了这种局面。美国推动体育职业化，将体育赛事与市场运作、经济规律相结合，将身处危机的国际体育赛事拯救于水火之中，自此体育商业化逐渐成为世界潮流。体育商业化催生了许多体育产业，而体育产业已经成为国际体育的支柱力量，美国的职业体育更是将体育文化产业的理念和运营推向机制，在这样一个背景下，美国的体育实力迅速提升，逐渐处于世界顶尖地位，其国际体育话语权也就处于十分具有优势的地位。

2.国际竞技体育组织建立

国际竞技体育组织是在经济、政治、信息全球化的背景下建立起来的。随着世界的交流愈发密切，体育赛事也开始逐渐在全球流行起来，跨越国际的体育赛事也越来越多。为了规范这些国际体育赛事，由多个国家共同组成的国际竞技体育组织应运而生。国际竞技体育组织在最初建立时，成员都是来自对项目有统一规则要求的国家，因此这些国家成员在国际竞技体育话语权中有着先天优势。

最初参与建立国际竞技体育组织的国家在组织中拥有绝对的话语权，这种话语权在很大一种程度上可以说是被这些成员国垄断。因为之后加入进来的国家和大洲要获得这种权力必须要拥有超常的资源或能力。这在各个国际竞技体育组织中都十分常见，如国际竞技体育组织大多建立在欧洲，因此在组织内拥有绝对话语权的成员也大多来自欧洲，其他国家很难获得实权。

3.国际竞技体育组织发展惯例

国际竞技体育组织在发展的过程中随之产生的惯例也会在一定程度上影响话语权的实现。比如，英国是最早开始足球运动并举办足球联赛的国家，在足球规则的制定和修改方面，英国就有绝对的话语权，甚至在国际足球联合会成立之后，其规则还是采用的英国国际足球理事会的规则。国际足球联合会承诺英国国际足球理事会是唯一对足球规则有修改权力的组织，在当时，英国对于足球运动的话语权处于垄断地位。但是之后足球运动的影响力不断扩大，国际足球联合会在这种背景下提出要参与对足球规则修改的工作，英国国际足球理事会也做出了让步，让出了一半的席位给国际足球联合会代表，国际足球联合会这才正式成为了名副其实的国际体育组织。由于英国在其中还是占有一半席位，因此英国在国际足球规则的制定与修改上依然拥有不可撼动的地位。除了足球，国际橄榄球理事会同样也呈现出带有明显垄断性质的国家代表分布。这样的垄断性在体育运动的发展过程中也将长期存在。

（二）国家背景

1.国家经济和政策支持

国家支持主要是从两方面进行，一个是经济，另一个就是政策。国际竞技体育组织是为了规范管理各类国际体育赛事，扩大体育赛事在全球的覆盖范围，并不断提升国际赛事的影响力。为了实现这一目标，国际竞技体育组织每年都需要举办一定数量的赛事并保证各类赛事的持续举办。通常国家实力越强，越有可能获得这些赛事的举办权。国家举办赛事的实力一般需要国家经济和政策的双向支持。

大多数国际体育组织的总部都设在瑞士，因为瑞士是一个无论是从国家立场方面和经济方面都非常理想的国家。瑞士在联合国中始终都是中立国，不同于其他国家经常处于政治局势动荡中，瑞士能够保护组织在战争中避免受损，甚至可以在必要时为其提供战争避难。而且瑞士政府对于国际体育组织也提供了很强劲的经济支持。因此国际体育组织将总部设立在瑞士是基于国家支持和经济支持的基础之上的。

2.国际关系

国际体育组织是一个具有国际性的组织，而各个组织又十分强调代表性，因为国际体育组织都是由各个国家派出一定代表而组成的。每个国家进入国际体育组织的人数大多都控制在一定范围内，人数不会相差太大。每个国家在组织中的作用与权力差不多都是平均的，因此若是想要提升自己国家在体育组织中的影响力，那么就要积极地与其他国家建立良好的国际关系。各国政府对本国在国际体育组织中的人员或多或少都有些影响，所以与其他国家建立良好的国际关系能够帮助本国在国际体育组织中获得支持。

3.竞技实力

一个国家在某个项目上的竞技实力好坏对于本国是否能获得体育话语权有着重要的影响。在众多的国际体育组织中，有一部分体育组织便是采用加权投票，明文规定了竞技实力与投票权的关系：羽毛球世界联合会规定在最近一届奥运会五个小项中有运动员排名世界前四十位以内的加一票；国际冰球联合会规定正式会员的运动队连续三次参加联合会组织的世界冠军赛（高级别男子和女子）并达到最低成绩标准，可额外多一票。

4.地理优势

所谓近水楼台先得月。以夏季和冬季奥运会项目管理的 35 个国际竞技体育组织为例，其有 89%（31 个）在欧洲。欧洲多国执行《申根公约》，持有任意成员国有效身份证或签证的人可以在所有成员国境内自由流动。因此这些国家的人员可以随时出行，省去了签证的烦琐程序和时间。这些国家包括奥地利、比利时、丹麦、芬兰、法国、德国、冰岛、意大利、希腊、卢森堡、荷兰、挪威、葡萄牙、西班牙、瑞典、匈牙利、捷克、斯洛伐克、斯洛文尼亚、波兰、爱沙尼亚、拉脱维亚、立陶宛、马耳他、爱沙尼亚、瑞士。这些常驻地越靠近总部所在地的人员，与组织内部的交流机会越多，信息获取越快捷，消耗成本较其他国家也大大减少。因此上述国家的人员更易走进国际体育组织高层。另外，同一地区或国家国际体育组织成员较多，有利于小联盟的形成。在同一地区或国家的国际体育组织成员容易形成统一战线，达成协议共识。他们在举办城市投票、领导机构投票等事务上较相隔较远的国家更有优势，如欧盟成员、苏联解体后形成的若干国家的人员更容易形成小团体。

（三）个人条件

尽管国际体育话语权需要依靠国家的综合实力，但是最终也是需要通过个人来进行实施的。因此国际体育组织中的个人需要具备一定的条件，这些条件包括语言优势、体育特长、身份地位、人际关系。

1. 语言优势

语言优势主要体现在大部分国际体育组织都设立在国外，而且国际体育组织内的成员也都来自五湖四海，若是对语言没有足够的掌握，那么在组织内根本无法与其他成员国进行沟通交流。要加入国际体育组织，首先要掌握组织中的官方语言。而官方语言又因为各个国际体育组织的不同而有不同，官方语言最常见的是英语、法语、俄语、德语、西班牙语。

尽管国际体育组织的官方语言有很多种，但英语是其中应用最广的语言。英语几乎是所有国际体育组织的官方语言之一，除了国际击剑联合会规定官方语言必须是法语外，其他组织的官方语言大部分都包括英语，因此加入国际体育组织中的各国代表都要学会英语，英语在沟通与化解矛盾中有着不可替代的作用。掌握英语是国家个人代表必须要具备的技能，也是个人进入国际竞技体育组织的最基本的语言要求。

除了英语，若是还能掌握更多的语言，与其他国家的代表交流将更加顺畅，将为自己在无形中创造很多机会，还能提升自己的存在感，在组织获得更多参与事务处理的机会。

2. 体育特长

参与国际体育组织的代表成员是否拥有一定的体育特长也是组织最终决定是否要任命的条件之一。国际竞技体育组织与其他国际性组织不一样，其中的成员代表都需要具备一定的体育特长才能够在商讨体育事宜时提出建设性的意见，成员是否有足够的专业知识、丰富的运动比赛经历、充足的体育经营管理经验都是成员争取提名机会的重要参考条件。有许多国际竞技体育组织甚至对特别顶尖的体育运动员直接放开了审核标准，他们可以直接进入组织。

3. 身份地位

为了提升国际竞技体育组织的影响力，组织会有意地吸收在国际上或是在国内具有显赫身份地位的人，这样能够很好地帮助体育组织进行宣传，并提升组织在某些国际事务上的处理效率。而且，身份地位越高的人越有可能为组织拉来经济赞助，促进组织的发展。

4. 人际关系

国际关系是否能呈现良好的发展态势也要靠个人在其中进行周旋，人际关系越好的人越能在这种国际性的组织内获得有益的信息和支持。

成员是否能搞好人际关系和自身的沟通能力与个人品质是离不开的。成员是否能够保持言行一致对于自身的形象的好坏有着很大的影响，信誉良好的人总是能获得更多的认同和支持，也就能更加顺畅地处理体育事务。除此之外，成员不仅要在工作中和其他国家的代表成员打好关系，在私下也可以多多进行沟通，增强感情联系，更有利于成员在组织中获得更多的情感支持。

第二节　我国竞技体育话语权的发展与存在的问题

我国竞技体育话语权的发展经历了较为漫长且曲折的历程，竞技话语权在提升过程中始终都是挑战与机遇并存，本节针对我国竞技体育话语权的发展展开了详细论述。

一、我国竞技体育话语权的发展历程

中华人民共和国成立以来，体育话语权也随着国家的发展而不断发展，70多年以来，体育话语权也经历了初步觉醒、另起炉灶、困难挑战并存、积极进取、快速发展五个阶段。回顾这五个阶段，不难看出中国体育话语权的发展与中华人民共和国的整体发展是息息相关的，随着国家实力的不断上升，体育话语权的影响力也在不断提升，中国体育事业也不断踏上新的台阶。

（一）初步觉醒阶段（1949—1958 年）

1949—1958 年这 10 年，中国体育事业的发展规划步入正轨，中国竞技体育话语权在这一期间走向初步觉醒。1949 年，中华人民共和国正式成立，此后，举国上下便投入社会主义革命与建设，中国体育事业由此翻开了新的篇章。体育事业在社会主义革命和建设的初期就被国家摆在了优先发展的突出位置。中华人民共和国成立之初，西方国家对于中国都是采取封锁孤立的态度，在这种形势下，中国转换策略，率先加强国民体育事业发展，稳固国内体育事业的发展。在国际上，中国积极争取世界体坛承认的工作方针，内外兼顾，努力提升国家形象，以早日获得世界认可为目标。中华人民共和国成立初期正处于百废待兴的状态，西方国家施加的压力让中国不得不意识到只有自己强大了，才有可能在国际上获得话语权，体育事业也不例外。

1. 中国竞技体育话语权开始渐渐觉醒

中华人民共和国成立初期的体育事业发展规划坚持"普及和提升"相结合，在这之前的条约包括体育条约一律废除，不再采用。在废除一切旧条约的过程中，中国也逐渐意识到，在新时代、新背景下要想发展体育事业，在国际上提升自己的影响力，维护自身的体育话语权，只有建立新的体育发展框架，发展适合中国的体育事业才能够达到这一目标。在实践中，经历了以下几个步骤。

第一，对旧中国体育的扬弃。中华人民共和国成立以前的体育事业发展尽管有诸多弊端，但依然也有许多值得借鉴的地方。中华人民共和国成立之初，在对体育事业进行改革时，并没有对旧中国体育进行完全的抛弃，而是以马克思主义为指导，对落后的地方进行抛弃，对合理的地方进行继承，在一系列批判、改造的过程中，中国体育事业才逐步走向正轨，中国体育事业也才得到了进一步的建立和完善。

第二，总结旧中国体育发展的经验。在中华人民共和国成立以前，有一些已形成的如"体育为人民"的基本主张和根本观点是中国发展体育新事业的理论基础。发展"新民主主义体育"要以人民为主，要将体育与普通人民大众相结合。在体育项目的选择上，我国率先选择了跑步、跳高、游泳、跳远等常规项目，并着手举办了一系列以这些常规项目为主的体育竞赛活动，甚至还建立了体育俱乐部，鼓动全民参与体育活动。总结早期的体育发展经验能够为之后的体育事业发展打下良好的基础，为体育事业的蓬勃发展创造有利条件。

第三，对国外体育模式进行借鉴。中华人民共和国成立之初对于体育发展还处于摸索的阶段，这个时候，国外已经形成了与自身发展相适应的成熟发展模式，借鉴与我国国情相近的体育模式，能够提高我国发展体育事业的效率。在当时，国家选择的是苏联的体育模式。苏联与我国一样是社会主义国家，而且他们早就已经有一套自己成熟的体育发展模式，中国在衡量了自身发展状况的同时，对苏联体育模式进行了大量的借鉴，如建立全体育运动机制、发展学校教育、完善各项体育制度等，逐步完善了我国体育事业。而且在当时，苏联是第一个与新中国建交的国家，两国交流十分频繁，不仅我国派出了代表远赴苏联进行学习，苏联也有优秀的体育专家和学者来进行指导，这对我国当时的体育事业发展有很大助益。

2.中国体育在国际体坛获得话语权

随着体育事业逐步走向正轨，我国于 1952 年正式成立了中华全国体育总会。这一总会的建立彰显着我国体育事业终于制度化、国际化。中华全国体育总会是我国向国际体坛迈进的一大步，也是我国争取国际体育话语权的承载。在向国际体育组织争取话语权的过程中经过了以下几个步骤。

争取自身的合法权益。中国要获得自己的合法权益，首先需要国际奥林匹克运动委员会承认中华全国体育总会的地位，承认中国在世界体坛的地位，承认中华全国体育总会是唯一能够代表中国的合法体育组织。中华人民共和国在成立之初就坚定立场并郑重宣告，中国只有一个中华全国体育总会能够代表中国，其他一切机构都无权代表中国，国际只能认可中华全国体育总会这一个机构，坚定一个中国的立场。在向国际奥林匹克委员会争取合法席位的过程中，中国经历了一系列的阻碍。当时我国台湾的体育组织也在向奥委会争取席位，奥委会在这种局势下对两方的申请都进行了驳回，并做出"由于中国局势不稳，任何中国运动员都不能参加奥运会"的决定。面对此种不公平的待遇，中华人民共和国展开了激烈的斗争。中华人民共和国在国际奥林匹克会议上一直在积极争取恢复中国的合法席位、参加第十五届赫尔辛基奥运会，经过一系列的积极争取，所提出的诉求都一一得到了实现，中国的竞技体育话语权登上了世界舞台。

随着中国竞技体育话语权登上了世界舞台，中国也开始在世界体坛崭露头角。1951—1955 年，中国受到了多地运动委员会的邀请，先后参加了第一届亚洲运动会、国际青年友谊运动会，并在 1955 年顺利主办了射击友谊比赛。中国受邀参加第一届亚运会标志着中国第一次在国际舞台上行使了中国竞技体育话语权。随着中国受邀参加的体育赛事越来越多，中国在国际体坛中的地位也越来越高，参与的体育单项国际组织也越来越多，在世界体坛的地位越来越不容忽视。

除了积极参与体育赛事之外，中国也积极与其他国家建立外交关系。中华人民共和国在建立初期在国际上的处境十分紧张，与中国建立外交关系的国家少之又少，中国为了打破这一局面，发挥体育了在外交中的桥梁纽带作用，积极与苏联、朝鲜、越南等社会主义国家建立外交关系，以打破西方的封锁局面。与苏联的体育交流在中华人民共和国成立初期是最为频繁的，中国不仅邀请苏联代表团来华进行交流，自己也组建了体育代表团深入苏联进行学习，在一来一往的学习交流中，中国获得了十分宝贵的经验，与苏联的关系在当时也得到了进一步加强。与此同时，中华人民共和国还积极与周边其他新独立的民族和解放的国家建立了良好的外交关系，相似的国情让国家与国家之间的联系越发紧密，体育交流互动也越来越多，国家之间也建立起了友好的外交关系，各类国际体育赛事的举办也让中国和日本以及欧洲一些没有建立外交关系的国家有了密切的体育往来。中国的国际竞技体育话语权进一步得到提升，在国际上也越来越显眼。

（二）另起炉灶阶段（1958—1978 年）

从 1958 年我国出台第一个《体育运动十年规划》开始，到 1978 年我国进行改革开放前，这 20 年的时间为中国竞技体育话语权的另起炉灶阶段。这一阶段处于我国艰苦奋斗、自强不息、奋勇争先的发展时期。

1.中国竞技体育话语权在第三世界体坛积蓄力量

自 1958 年我国与国际奥委会切断联系后，中国在世界体坛内的处境变得更加艰难。不仅是国际奥委会与我国不再合作，其他以国际奥委会为首的世界体育组织也对我国进行了封锁，我国被迫切断了与许多国家交流合作的机会，虽然这一时期处境艰难，但中国并没有放弃对体育事业的发展，而是积极主动地寻找新的发展路径。

首先，带头设立了以第三国家为主的新兴力量运动会。建立新兴力量运动会的主要目的是打破西方资本主义国家对中国的封锁。尽管中国在西方国家势力的封锁中被迫切断了与许多国家的联系，但是在中国友好国家的提议和支持下，中国与第三世界国家合作创建了新兴力量运动会。这一运动会的突出特点便是其中没有帝国主义分子和殖民主义分子参与，组成国全都是秉承着友好、独立、尊重的原则进行交流与合作的。新兴力量运动会不受任何外部力量干涉，是完全独立的。新兴力量运动会的组建为我国体育事业发展开辟了新途径，树立了全新的国际形象，同时进一步彰显了我国不畏强权、坚决维护国家利益的态度。在新兴力量运动会的组建过程中，中国竞技体育话语权发挥了很大的作用。

其次，大力开展国际体坛反垄断斗争。当时，国际体坛正处于被以美国为首的西方国家所垄断的局面，中国正是在这种局面下受到了打压和封锁，为了改变这一局面，中国不断迎难而上，大力开展国际体坛反垄断斗争。尽管中国被迫切断与许多国际体育组织的联系，但仍与世界体坛保持联系，在封锁中寻求机会，积极参与一切能够参与的体育赛事，积极与友好国家建立体育外交联系，努力维护自身竞技体育话语权，主动开拓国际体坛的空间。

最后，主办第 26 届世乒锦标赛。国际乒乓球联合会是在国际奥委会等其他国际体育组织与我国切断联系后，唯一还继续与我国保持联系的国际体育组织。为了进一步加深与国际乒乓球联合会的关系，我国积极参与一切由国际乒乓球联合会组建的体育赛事，通过参与体育赛事从而进一步稳固我国的竞技体育话语权。1959 年，中华人民共和国第一次参加世界乒乓球锦标赛便勇夺男子单打冠军。在这一背景下，我国积极投入第 26 届世乒锦标赛的组建中，邀请了多达 32 个国家和地区的代表来参与比赛。第 26 届世乒锦标赛在北京取得了完美落幕，我国以压倒性的优异成绩在大赛中获得了来自各个国家的祝贺。至此，我国乒乓球运动员的实力开始被世界看到，我国正式在世界乒坛开启了"中国时代"，体育影响力进一步提升，为我国之后的"乒乓外交"也奠定了基础。

2. 中国竞技体育话语权在"乒乓外交"战略中得以体现

自 1959 年我国被国际奥委会等国际体育组织排除在外，一直到 20 世纪 70 年代初期，这种局势都没有得到明显改变。但是随着我国在世乒赛中取得了优异的成绩，我国体育外交迎来了重要转折。1971 年，我国受邀参加了第 31 届世乒赛，在赛中，我国发扬体育精神，与来自美国的运动员进行了互动交流，达成了中美乒乓球队的互访，这一行动一举打破了我国与美国一直以来的尴尬局面，打破了中美关系长期以来形成的坚冰。随着之后中美乒乓球队的交流越来越频繁，我国在世界体坛上的地位也得到了进一步提升，我国竞技体育话语权也得到了进一步体现。通过乒乓球运动增加中国与其他国家之间的体育互动交流，也被称为"乒乓外交"。

3. 中国竞技体育话语权在积极争取合法权益中得以巩固

1971 年我国恢复了联合国合法席位，之后，我国便积极寻求机会恢复我国在国际奥委会组织中的合法席位。我国改变之前的策略，积极寻求机会主动出击，一步一步恢复自己在各个国际体育组织中的合法席位。

首先，争取恢复亚洲体坛的合法席位。亚洲体坛是我国恢复国际体育组织合法席位的第一步。中华人民共和国首先在亚洲得到了认同，才更有可能在国际上得到认同。在 1951 年第一届亚洲运动会上，中华人民共和国就已经派出体育观摩团参加了。但是我国并没有参加 1954 年举办的第二届亚洲运动会，主要是受到了台湾观摩团的阻挠，中断了我国和亚洲运动会联合会的关系。直到 1973 年亚洲运动会联合会在特别会议上恢复了中国的合法权益，中国才回归到亚洲体育之中。中国重返亚洲运动会联合会的同时加入了一些国际性的体育组织。在 1974 年，中国组建体育代表团参加了第七届亚洲运动会。这是中国首次派出体育代表团参加亚运会，在中国竞技体育发展史上留下了重要的一笔。

其次，争取国际单项体育组织的合法席位的恢复。中国派出体育运动代表团参加第七届亚洲运动会，其实是得到了国际体育组织的默许，这也为中国后续恢复国际单项体育组织的合法席位埋下了伏笔。在中国的不断努力之下，我国在国际击剑联合会、国际业余摔跤联合会、国际举重联合会、国际业余篮球联合会的合法席位均被恢复。随着我竞技体育的不断发展，国际体育形势也在悄然变化，中国的国际象棋、击剑等单项体育组织中的合法席位也被逐渐恢复。这些国际单项体育组织的合法席位的恢复，使得中国的竞技体育得到了良好的发展，逐渐开始走出亚洲，迈向世界。

最后，中国的竞技体育在国际学生运动会上也展现出了卓越风姿。在 1974 年举办的第二届世界中学生运动会上，中国体育竞技代表团在体操、田径等项目上与多国运动员进行竞争，获得了不错的成绩。并且，中国更是在 1959 年派代表团参与到首届世界大学生体育运动会中，向世界展现了中国大学生体育运动员的风采。不过后来直到第九届世界大学生体育运动会时，中国才再次派出体育代表团参与赛事，也取得了亮眼的成绩。

随着中美两国之间的正常外交，中国渐渐和更多的国际体育组织恢复了往来，也更多地派出体育竞技代表团参与到体育赛事的竞争中。综合来看，这段时期的中国竞技体育话语权在不断增强。

（三）困难挑战并存阶段（1978—1990 年）

1978 年改革开放以来，我国经济、社会、文化等各项事业都获得了良好的发展，体育运动也进入了改革开放的新时期。

中国的体育事业遵照"一国两制"这一指导方针不断前行，在 1979 年恢复了国际奥林匹克运动委员会的合法席位。这意味着中国与国际奥林匹克委员会之间 21 年的分割结束了。也表明了台湾作为中国的一个地区，将以中国台湾的名义参加国际体育竞赛。这种体育模式成功解决了两岸的体育问题，在中国竞技体育的历史上具有划时代的意义，这种模式受到了世界体坛的认可与称赞，被称作"奥运模式"。"奥运模式"的实施使中国体育进入全新发展的良好局面，进一步推动了中国体育事业的发展与进步。

1. 在创造"奥运模式"中开启新局面

"奥运模式"的成功实施是中国体育事业发展中的一个重要创新点。中国的体育事业作为改革开放成果展示的一大窗口，向世界体育展现了中国体育发展的速度和效果。世界体育对中国体育事业的发展都投来了赞许的目光。尤其是一些对中国比较友好的国家，不仅对中国实施的"奥运模式"表示了赞赏，更是直接呼吁国际社会接纳中国体育，要求世界体坛尽快恢复中国体育的话语权。由此可见，我国实施的"奥运模式"在帮助恢复中国竞技体育话语权中发挥了非常重要的作用。我国顺应世界形势的发展变化，创造性地提出"奥运模式"，为中国竞技体育运动的发展开创了新局面。中国的奥林匹克委员会真正拥有了中国的体育代表权，在北京设立会址，并将中华人民共和国国歌和国旗作为会歌和会旗。

2. 在征战奥运赛场上斩获新成绩

在恢复国际奥林匹克运动委员会的合法席位之后，我国竞技体育开始全面发展，正式走出国门，面向世界，在世界各大国际性质体育赛事中，都能够看到中国体育代表团的身影。尤其是在国际奥运赛事中，中国运动员多次夺得桂冠，书写了新的时代篇章。这一时期中国竞技体育话语权主要呈现出以下三方面的特点。

首先，中国的竞技体育话语权支持和平主张。中国在 1979 年恢复国际奥林匹克运动委员会的合法席位后，本来要派出体育代表团参加第 22 届莫斯科奥运会，但是 1979 年苏联发动了入侵阿富汗的战争，受到了国际社会和平人士的强烈谴责。国际体育组织一直强调公平正义与和平友谊，对于苏联此次的入侵行为表示坚决反对。中国虽然才恢复了国际奥林匹克运动委员会的合法席位，但是在世界和平问题上坚决支持和平，果断拒绝派体育代表团参加第 22 届莫斯科夏季奥运会。由此可见，中国竞技体育话语权坚决支持和平的主张，也体现了其已经具有较大的国际影响力。

其次，中国竞技体育话语权书写耀眼成就。1984 年，第 23 届奥林匹克运动会在美国洛杉矶举办。中国派出一支由 353 名体育运动员组成的体育代表团参与了 16 个大项的竞赛。此次洛杉矶运动会共有近 150 个国家参与其中，运动员人数大约有 8 万人，是奥运史上参与国家与参与人数都很多的一次体育盛事。

中国体育代表团在这次奥运会中表现亮眼，获得了优异的成绩，让世界体坛对中国体育刮目相看。这也是中国竞技体育首次在这种世界级的体育赛事中展现耀眼的光辉。中国竞技体育话语权得到了进一步巩固。

最后，中国竞技体育话语权能够综合展示国家的形象。体育是展示一个国家形象的重要窗口，世界人民通过体育可了解一个国家想树立的形象。中国作为一个体育大国，在恢复国际奥林匹克运动委员会的合法席位后，体育事业更是获得了长足的发展，体育赛事成绩屡创新高。中国在世界各项体育大赛和各类体育活动中都开始发挥着重要作用。毫无疑问，中国的竞技体育话语权很好地展示了国家的形象和魅力。

3. 在奋力冲出亚洲时攀登新高峰

中国在恢复国际奥林匹克运动委员会的合法席位后，既关注世界重大赛事，也积极主动地参加亚洲各类体育竞赛活动。"冲出亚洲，走向世界"成为体育话语权的主基调，也是中国竞技体育话语权真正走向世界的要求。

首先，中国的竞技体育话语权在亚洲体育中展现了实力。自 1973 年开始，我国恢复了亚运联合会的合法席位，重获参与亚运会赛事的资格。在 1974 年伊朗首都德黑兰举办的德黑兰亚运会和 1978 年在泰国首都曼谷举办的曼谷亚运会中，我国的体育代表团都获得了不错的成绩。并且，体育竞赛实力不断发展，如我国乒乓球队包揽了 1981 年在尼泊尔首都加德满都举办的第 36 届乒乓球锦标赛全部冠军，中国女排也在世界杯、世界锦标赛和奥运会上，五次连续夺得世界冠军。这些耀眼成绩的获得，都诠释着中国体育话语权的实力。

其次，中国的竞技体育话语权在亚洲地区创造辉煌。1986 年，第 10 届亚洲运动会在韩国首都汉城（今首尔）举行。中国体育代表团面对巨大的困难，当时占尽各项优势的韩国体育代表团与中国体育代表团展开了激烈的角逐，在整场赛事中，两国的体育代表团你追我赶，最终中国体育代表团以 94 金超过韩国体育代表团，位居金牌榜第一。在这届亚运会上，中国体育代表团再创辉煌，进一步向世界体坛展示了中国体育的强大实力，再展大国风范，也向世界人民展示了中国体育精神。

最后，中国竞技体育话语权在亚运会、冬季运动会中不断前进。中国在国际奥委会和亚洲运动会联合会上都恢复了合法权益，这是国家对体育运动事业予以高度支持，所有运动员辛苦拼搏、所有体育事业从业人员辛苦付出所共同得到的。中国体育运动在获得一定成绩的同时，也要重视自身存在的不足。与夏季运动相比，中国的冬季运动发展稍显欠缺，呈现出发展不均衡的特点。因此，重视冬季运动项目，提升冬季项目的体育实力，就成为中国竞技体育发展中必须要做的事情。

（四）积极进取阶段（1990—2001 年）

1990 年后，国际社会形势更迭变换。在如此复杂的国际形势中，中国始终立足国内，将体育竞赛作为桥梁和平台，充分发挥体育外交的优势，突破了国际封锁，在困难中积极进取，不断前行。这一段时间内的中国体育话语权开始进入积极进取的阶段。这一段时期的持续时间为 1990—2001 年。经过这段时间的发展，中国的竞技体育话语权在世界体育领域的影响力得到了进一步提升。

1. 在北京亚运会上展示创新力

1990 年，第 11 届亚洲运动会在中国北京举办。这是中国第一次举办国际性的体育赛事，意味着中国的竞技体育话语权得到了进一步的提升。这届亚运会的主旨是坚持"团结第一，进步第一，友谊第一"。本次亚运会特邀请亚洲地区的共 36 个国家的 5200 多名运动员参加。在此之前，从未有一次亚运参与国家和参与人数达到本次亚运会的规模。中国成功举办第 11 届亚洲运动会，让中国竞技体育话语权的创新力得到了提升，这种创新力可以从国内和国外两个方面得到体现。在国内方面，具体表现为鼓舞士气、鼓足干劲等；在国外方面，具体表现为促进交往、促进情谊、团结协作等。本次亚洲运动会的举办于内于外都是非常有益的。

中国于 1981 年开始准备第 11 届亚运会的申请工作，1983 年正式申请举办第十一届亚运会，并在 1984 年亚洲奥林匹克理事会代表大会上获得了举办权。北京亚运会的成功举办，使得中国在亚洲体坛上的地位得到提升。体育运动赛事发展的过程具有循序渐进的特点，要先申请、举办亚洲运动会这种大型的体育赛事，再去申请、举办奥运会这种世界性的体育赛事。中国在 1983 年正式向亚运理事会提出申请，然后在 1984 年获得亚运会的举办权。第 11 届亚运会是中国第一次举办的盛大的体育运动赛事。也是由于第 11 届亚运会的成功举办，中国竞技体育话语权真正地得到了大幅提升。这也意味着中国体育竞技事业得到了进一步的发展。

在成功获得亚运会的举办权之后，就需要积极着手亚运会的准备工作了。为了办好第 11 届亚运会，中国全民积极投入到迎亚运的准备活动之中。全国民众上下一心，这次亚运会无论是在软件建设上还是在硬件设施的建设上都花费了巨大的人力、物力、财力。据统计，此次亚运会的参会人员共有 12600 多人。

待一切工作准备就绪，就是迎接亚运会的到来。第 11 届亚运会的举办时间是 1990 年 9 月 22 日到 1990 年 10 月 7 日。中国体育代表团在此次亚运会中共获得了 341 枚奖牌，还打破了 30 项亚洲记录和一项世界记录。中国体育运动健儿获得的这一系列优异成绩，均表明了我国体育运动实力的提升和进步。在本次亚运会上，还有 64 项亚运会纪录改写，体现了亚洲地区体育运动水平的提升。

中国成功举办本次亚运会，不仅提升了中国体育在世界体育中的地位和影响力，更是为中国竞技体育话语权的发展提供了强大助力。

2.在首次申奥中提升凝聚力

中国在成功举办第 11 届亚运会后就开始筹划申请奥运会，为实现中华民族的百年奥运梦而努力。

中国在成功举办第 11 届亚运会之后，于 1993 年在上海又举办了第一届东亚运动会，这两次运动盛会的举办，极大地增强了中华民族的民族自豪感。若是能够成功地举办奥运会，对于鼓舞人心、振奋民族精神必将起到非常显著的作用。除此之外，对于打造良好的国家形象、促进中国与其他国家之间的交流方面，也能发挥巨大的作用。1993 年，中国首次申奥，虽然此次申奥失利，但是中国积极吸取经验教训，为下次申奥打下了坚实的基础。

3.在北京申奥成功后发挥影响力

中国在第一次申奥失败后，及时复盘，积极总结经验教训，于 2001 年申奥成功。中国申奥一直遵循着全面争取、尽力而为的态度，在处理申奥工作上努力做到突出重点、抓住关键；在申奥宣传方面不断加强国际推介，提升自身的影响力。并且，全国上下万众一心，民众也积极地参与到申奥的各项准备活动之中。

正是在这种情况下，中国才能够申奥成功。1998 年，中国再次申奥。2001 年 7 月 13 日，在莫斯科举行的国际奥委会第 112 次全会上，中国再次强调，举办奥运会是中国人的百年梦想，且中华人民共和国自成立以来，体育事业发展迅速，具有承担奥运会的实力。最终，国际奥委会投票选定北京获得 2008 年奥运会主办权，中国申奥获得成功。中国成功申奥，标志着为之付出的努力没有白费。全国上下一片激昂，中华民族的百年体育梦想即将实现。

（五）快速发展阶段（2001—2012 年）

北京奥运会举办权的获得是我国竞技体育事业发展的一个阶段性胜利，至此我国竞技体育踏上了快速发展之路。改革开放的持续纵深发展是我国竞技体育事业发展的坚实基础，经济的繁荣发展为竞技体育事业的发展提供了有力的物质支持，我国竞技体育在 2001—2012 年间取得了非凡的成就和显著的进步。奥运会的筹办和最终圆满的举办是快速发展阶段我国竞技体育事业的核心任务与最大成就。快速发展阶段我国全面融入国际体坛，与各国展开深入的竞技体育对话和交流，充分展示我国的竞技体育精神与实力，并且获得了一定的竞技体育方面的话语权，主要体现在以下三个方面。

1. 体现在热火朝天的北京奥运会备战中

2001 年我国申奥成功，自此全国竞技体育事业发展的工作重点都转移到了北京奥运会的筹办上面来，这件事也成为了全世界和我国社会各界关注的焦点。我国在筹办北京奥运会的过程中，充分发挥了社会主义制度"集中力量办大事"的优势，举全国之力成功举办了奥运会史上最富有民族特色，最具有运动魅力的一届奥运会。热火朝天的奥运备战中，我国全面部署、周密组织开展了奥运备战战略，立足于改革开放、走向世界的时代大背景，高标准、严要求与国际对接。北京奥运备战阶段我国主要从以下四个方面取得了竞技体育领域的话语权。

（1）坚定备战奥运的理念

科学的奥运备战理念是指导奥运备战实践的重要思想先导，我国针对奥运会开展了一系列体育理论研究，并且广泛宣传备战奥运的理念，以增强全国人民对奥运会的认同感、使命感和责任意识，坚定运动员的竞技体育信念和爱国大局观。我国奥运备战的理念主要有以下三方面。

①为国争光的大局意识。我国在备战北京奥运时，坚定地从国家的视角展开，坚持全国是一盘棋的大局思想，倡导全民齐心协力，为奥运做贡献，为国尽

力，为国争光。

②拼搏进取的使命意识。北京奥运会的举办圆了中国人的奥运梦，我国要借此机会展现国力与竞技体育实力，运动员和全体人民要自觉扛起历史使命，拼搏进取，铸就辉煌。

③无私奉献的责任意识。明确的责任意识有助于增强人民在备战奥运过程中攻坚克难的决心与信心，树立责任意识有助于促进人民为奥运拼搏进取，无私奉献。

（2）奥运竞赛实力的提升

体育竞赛中取得成就的基础和关键是体育竞技的硬实力，因此奥运备战中要以提升体育竞技实力为根本。当今世界，体育竞技领域的竞争趋向白热化，各国"你追我赶"式地发展着，我国不进则退，必须要不断地提升备战奥运的实力和水平，而我国在备战北京奥运会的过程中"百尺竿头更进一步"，超越自我，实现了竞技体育实力的攀升。

（3）奥运战术的演练

竞技体育中取得优异成绩的关键是做好竞赛前的战术演练，备战奥运战术演练的方向有三个。

第一，奥运备战要围绕竞技体育的战略目标展开战术演练，将竞技体育优势项目作为需要重点突进和巩固的对象，将具有潜在优势的竞技体育项目作为努力提升的对象，将弱势竞技体育项目作为大力突破的对象。

第二，奥运备战要围绕奥运比赛的任务展开战术演练，即拼搏更多的金牌，争取更多的银牌，确保足够的铜牌，扩大奖牌获得的总量。

第三，奥运备战要围绕竞赛的规则展开战术演练，针对奥运中不同比赛的具体规则进行细致分析和研究，要对规则了如指掌。

（4）优质高效备战奥运

奥运备战的优质高效是提升我国竞技体育夺金能力的根本，是备战获得良好成效的关键。我国奥运备战要根据具体的奖牌目标制定备战方案，将优质的资源集中在重点突破的体育竞技项目上，汇集在优秀的运动员身上，以提高重点竞技项目备战的效率，保障优秀运动员取得良好战果。

我国竞技体育运动员在奥运会国际赛场上取得的光彩夺目的战绩是北京奥运会体育话语权的首要体现。北京奥运会上我国选派了多达 639 名优秀运动员参与竞技体育竞赛，竞赛的项目几乎囊括了奥运会中的全部赛事项目，其中较大的竞技体育项目有 28 个，夺取了超过 100 枚各项奖牌，其中金牌数量多达 51 枚，金牌获得成绩位居世界榜首，这是我国自从参与奥运竞赛以来的最高战绩，运动员们在各自参赛的领域取得了优异夺目的成绩，他们的成绩铸就了北京奥运会的辉煌。

在北京奥运会期间，我国竞技体育取得显赫成绩的同时也体现了我国的奥运拼搏精神。奥运赛场上，中华民族悠久传承的爱国主义精神和团结奋斗精神得到了很好的体现，支撑着运动健儿勇攀高峰，追求卓越，为国尽力。优势项目上，我国的运动健儿在北京奥运会中超越自我，打破了 10 项之多的世界运动记录；潜在项目上，我国运动健儿勇猛追击，取得了显著的提升；薄弱项目上，我国运动健儿勇往直前，取得了历史性的进展。北京奥运会上绽放的不仅仅是奥运火炬的圣火，还有运动健儿们顽强不息的精神之光。

2. 体现在精彩夺目的北京奥运会盛典中

体育竞技项目中，运动健儿们专注投入、全力以赴，表演项目上，我国更是体现了群策群力、团结一致的精神。国际奥委会称赞北京奥运会为 "一场体育的盛会，真正不同凡响的盛会"。奥运的开幕式上，我国博大精深、源远流长的文化被化作了视觉、听觉上的美的形式，让人在磅礴的表演中感受到一个古老民族的新生。此外，北京奥运会中各项竞技体育赛事各具特色，各类比赛中涌现出纷呈的亮点。完善的软件设施和硬件设施、周到的后勤服务与科学高效的管理，都体现了北京奥运会的高水平和高质量。总之，北京奥运会的举办达成了 "三满意" 的结果，即国际社会满意、体育选手满意和各国人民满意，我国在竞技体育方面的话语权在北京奥运会的盛典中得到了切实而充分的体现。

（1）北京奥运举办成功的原因分析

北京奥运会取得的成功离不开以下三方面的因素。

①组织保障有力。我国北京奥运会的举办充分发挥了社会主义 "举国体制" 的优势，以科学的规划、合理的组织、顺畅的体制和坚实的服务保障了奥运会的顺利开展。

②场馆设施完备。我国为迎接北京奥运会的到来，严格按照现代体育标准修建了国际化的比赛场馆，配置了高标准的比赛设施。奥运会建筑不仅符合奥运理念，还富有艺术特点，一经建成就成为地标性建筑和奥运史上的精品。

③服务热情周到。我国人民自古以来就有热情好客的传统，奉行有 "有朋

自远方来，不亦乐乎"的原则，北京奥运会期间，我国为世界友人提供的热情、文明的服务树立了良好的国家形象。

（2）北京奥运举办成功的意义所在

北京奥运会的成功有如下重大意义：其一，圆满了中华民族的"奥运梦"，中华民族渴望举办奥运的心愿由来已久，而历经奋斗之后终于在 2008 年圆梦，北京奥运会的成功向全世界展现了中华民族实现梦想的决心和中国在竞技体育领域的信心；其二，北京奥运会的成功对我国经济的发展有着显著的助推作用，促进了我国 GDP 的提升和北京经济的发展；其三，北京奥运会的成功展现了中国的形象，打响了中国竞技体育的品牌，让中国体育在世界体坛中更具话语权，这是北京奥运会带来的重要无形资产；其四，北京奥运会的成功是中国体育事业发展中的一次重大的腾飞，中国通过这场盛大的赛事在世界上证明了自身的实力，加快了中国体育事业发展的进程，扩大了中国对世界的影响力。

3. 体现在广泛而深刻的北京奥运影响中

北京奥运会不仅在当时产生了不同凡响的影响，其影响力深远而持久，它为中华民族赢得了广泛的国际声誉，向世界展现了腾飞的现代中国。北京奥运会成功推动了中国体育走向世界，促进了中国体育与世界体育的交流互动，巩固了中国体育与世界各体育组织的关系。北京奥运会之后，中国体育界人士以更加积极主动的姿态参与世界体育活动，促进友好合作与合作共赢。总的来说，北京奥运会所产生的广而深的影响体现在以下三个方面。

（1）凝聚民族向心力

北京奥运会成功举办对国内最深远的影响就是极大地提升了民族自豪感，加深了各民族凝聚的向心力。北京奥运会的成功圆了中华民族的世纪之梦，是民族复兴历程中取得的重大成就，具有跨时代的意义，证实了中华民族奋斗路线的正确性，激励着各民族的斗志，振奋了民族志气。北京奥运会也是促进我国民族团结的一个良好契机，奥运之后，我国的体育交流活动日益频繁，体育合作的规模也逐渐扩大，体育共建的层次取得了显著的提升，体育赛事活动开办的质量也越来越高。可以说，以北京奥运会为契机，我国构建起了全民族体育交流合作之大局。

（2）增强世界融合度

北京奥运会的成功激励着中华民族踊跃发展体育事业，让体育事业扬帆远航，汇入世界体育的大海之中。北京奥运会之后，我国对外的体育交流活动比之以往更为活跃，力求在各个项目上积极与国际接轨，体育建设的热情空前高涨。借助北京奥运会的东风，我国全方位开展了面向国际的体育竞赛和各项体育活动。例如，广州、深圳等地区在奥运会之后承办了多项国际重大体育赛事。我国从多个领域与奥林匹克组织开展了纵深化的对接合作，并且积极推进与周边地区和国家的体育交流活动，通过体育往来巩固了我国与第三世界国家的关系，中国体育在世界体育中的融合程度显著加深。

（3）提升国际影响力

北京奥运会将现代中国展现在了世界面前，在国际体育界弘扬了"中国体育品牌"，提升了中国的国际体育地位，极大地增强了中国在体育竞技领域的话语权。北京奥运会的成功将中国"举国体制"的优越性展示在了世界面前，中华民族群策群力、同心协力的努力成为奥运举办的典范。北京奥运会将中国改革开放之后的伟大成就展示给了全世界，通过举办奥运会让世界看到了蒸蒸日上的新中国和负责任、有力量的大国形象。北京奥运会作为一个吸引广大国际友人来华的契机和展示中国悠久文化的平台，向世界展现了中华文化的美与韵，促进中华文化走向世界，加深了中华文化对世界的影响力。中国奥运精神是对奥林匹克精神的丰富和发展，在国际体育中注入了中国精神，发出了中国声音，使中国竞技体育进一步掌握了话语权。

二、我国竞技话语权中存在的问题

（一）我国竞技体育整体实力有待加强

我国虽然在部分体育领域取得了显著的成果，但是仍存在着薄弱之处，因此要从整体上加强竞技体育的实力，补足短板。体育运动与身体机能的关系极为紧密，因此要善于发现具有天赋的运动员，尽早给予他们科学的训练，以突出他们的运动专长。体育科技是竞技体育进步的基础保障，我国要加大对体育科研的投入，提高体育科研的力度和水平。值得注意的是，我国体育运动员多在较小的年龄就开始进行密集的训练，过分突出了对他们体育专项能力的培养，而忽视了对他们文化素养的培育，因此我国体育运动员的综合素质还有提升的空间。

（二）我国竞技体育比赛项目发展不均

我国竞技体育发展在宏观战略制定上遵循集中优势资源突破优势项目、体育强项优先、力争上游的要义，此举使得我国竞技体育事业在较短的时间内取得了突破式的成长，体育成果显著，在世界体坛占据了一席之地。但是体育项目发展不均，那些在较短时间内能够获得突破的项目得到了强势的发展，而需要投入更多时间和精力的体育项目则被忽视，如一些中长期的体育项目和集体性的竞技体育项目发展较为迟缓。

（三）我国体育人才合理流动渠道不畅

我国竞技体育机制在运行上存在僵化呆板的情况，竞技体育人才流动不畅，管理机制僵硬，管理手段落后等，这些导致了我国竞技体育运行机制内缺乏激发动力，不能有效地调动人才的积极性。竞技体育内部机制问题导致了人才流通渠道不畅，因此不能让人才充分发挥自己的才能，导致人才资源的浪费。

第三节　竞技体育话语权提升策略探索

我国在取得竞技体育话语权的路上取得了一定的成效，也面临着许多的问题，未来要针对现阶段存在的问题和不足之处，制定针对性的策略，提升我国在竞技体育方面的话语权。

一、正确认识国际竞技体育的话语权

（一）避免对话语权的狭隘理解

我国在积极获取在竞技体育领域的国际话语权之前，首先要对话语权有正确的认识。部分国人容易将我国在国际体育中"吃亏"的现象都归结于话语权的缺失，但是"吃亏"现象的原因多种多样，要具体问题具体分析。例如，下列情况容易被认为是由中国竞技体育话语权缺失导致的"吃亏"，但存在着一定的认识误区，是对话语权内涵的狭隘理解。

1. 裁判员利益受损

2010 年广州亚运会期间，国际体操联合会认定我国体操裁判邵斌存在着修改比赛成绩的行为，并将他的国际裁判等级做降级处理。由此，国内许多媒体争相报道，并将这一事件与中国缺少竞技体育国际话语权相绑定。例如，解放日报发表了长文《评邵斌改分门，中国体育需要话语权》，新京报发表了长文《叶振南力挺邵斌：中国鲜有话语权，运动员受不少屈辱》。此次事件中不可否认的是裁判邵斌违规改分的事实，国际体操联合会掌握了邵斌改分的人证和物证，可谓是证据齐全。邵斌本人在接受国内媒体采访时指出，他并未违规改分，而是犯了一点程序上的错误，即裁判员改分之前应当请示高级裁判组，而他忽略了这一程序，因此此次事件并未违背体育原则，而是存在着具体操作程序上的不妥。两派言论的争持中，部分人认为根源是我国在国际竞技体育中的话语权不足，这是对竞技体育话语权的不当认识，邵斌改分事件证据确凿，因此判定了他违规，这不是我国话语权缺失的问题。

2. 项目的利益受损

乒乓球是我国竞技体育项目中无可争议的强项，自从乒乓球项目在 1988 年汉城奥运会被纳入奥运竞技比赛之后，我国运动员在此领域长期独领风骚。随着乒乓球奥运赛事的发展，国际乒乓球联合会几度改革规则，其中有些规则的改动不利于我国运动员，因此部分人认为国际乒乓球联合会改革规则是在对中国运动员施行针对性约束，根源还是我国在国际体育界话语权不足，因此不断呼吁我国要提高国际竞技体育的话语权。对于国际乒乓球联合会改革乒乓球奥运竞技的规则应当理性看待，规则的改革并非单对中国运动员不利，现阶段奥运会在推行"瘦身计划"，即取缔那些全球参与人数少、缺乏竞争胜负悬念的项目，而乒乓球若是被中国垄断，则不容易在世界范围内发展壮大，因此国际乒联队改革竞赛规则并非中国人国际话语权不足的体现。

人们应正确地认识竞技体育话语权这一概念的内涵和指向，对国际竞技体育中发生的各种事进行正确的归因，这样才能有效地促进我国竞技体育话语权的提高。

（二）积极改善话语权的认识环境

我国长期存在的竞技体育话语权不足现象使我国人民存在"弱势心理"，即容易将我国在国际体育活动中遇见的不利或负面事件的根源都归结为话语权缺失，而要改变这一现状，就需要积极改善我国竞技体育话语权的认知环境。国际竞技体育活动中的规则变更和裁判裁决可能会存在着一定的不合理或不利于中国的情况，我国人民要理性思考这些情况出现的真正原因，不能以偏概全，将之都归结为话语权缺失。当国际竞技体育活动中出现主观刻意针对中国、损害中国利益的事件，而中国为自己发声的能力弱时，这些事的根源才是话语权缺失。信息时代更需要我国公民理性思考，辩证分析；公众人物和媒体更是要担当起引导正确舆论的责任，共同创造积极认知话语权的舆论环境。

二、增加对国际竞技体育组织的贡献

国际竞技体育组织中多数是非政府性质的，具有较高的独立性，受各国政府的干预少。但是国际竞技体育组织因此也缺少政府的财政支持，需要社会各界多方面相应的支持，我国应当加强对国际竞技体育组织的支持力度，增加在国际竞技体育组织中作出的贡献，以树立良好的国家形象，增强自身话语权。具体可以从以下方面着手。

（一）选择性承办国际体育赛事

国际竞技体育组织的核心任务是组织开展各项国际性体育竞技赛事，国际体育竞技赛事举办的质量决定了赛事的影响力，也对体育事业有着深远的影响。国际竞技体育赛事的承办方需要投入大力的人力、物力和财力，并且承办方的投入不一定能够实现承办时所期待的由国际竞技体育赛事所带来的综合性效益，承办方承担着一定的风险，尤其是承办较为小众的体育项目时风险更大。因此我国应积极承担国际体育赛事，这是对国际竞技体育组织的支持。一些国际竞技体育组织，如羽毛球世界联合会、国际雪车联合会、国际滑雪联合会等甚至明文规定了，承办国将享有增加投票数的优待。2008年我国承办了奥运会，通过这次盛大的活动，我国向国际竞技体育组织展示了我国承办大型竞技体育项目的能力与实力，也增进了国际竞技体育组织对我国的了解，加强了我国与国际竞技体育组织之间的交流、互动和合作，促进双方的进一步友好合作。承办北京奥运会的当年，我国获得了举荐一批人员进入国际竞技体育组织的资格，这对提高我国在国际竞技体育组织中的话语权有较大的好处。承办具有国际影响力的重大竞技体育赛事毋庸置疑是提高我国竞技体育领域话语权的重要途径，但是承办这类赛事需要投入巨大的花费，而整个承办的过程也工程量浩大，因此要有选择性地承办。我国在承办国际竞技体育赛事上一贯遵循着可持续发展的原则，要根据现有的国情和社会需求，选择适合的赛事项目承办。我国在承办国际竞技体育赛事时追求双赢，既能够为国际竞技体育组织作贡献，支持国际竞技体育组织的工作开展，又能通过承办国际性比赛来提升我国的国际影响力，推广中国的国家品牌，带动承办地经济和社会的发展，提高国民的体育运动热情和水平。

（二）侧重性支援他国体育发展

普及和推广竞技体育项目是国际竞技体育组织的重要工作目标之一，因此我国要积极支援竞技体育落后的国家或地区，这也是我国为国际竞技体育组织作贡献的重要途径之一。经济基础对一个国家的竞技体育发展具有根本性的影响，经济落后的国家或地区往往缺少体育运动的场所和设备，能够开展的竞技体育运动项目较少。我国既可以通过援建体育场所和捐赠体育器材等方式来支援竞技体育落后的国家或地区，也可以通过邀请竞技体育落后国家或地区的教练和运动员赴华交流学习等来促进其竞技体育技术的发展。我国在竞技体育对外援助的过程中可以广交朋友，与他国和谐相处，赢得更为广泛的支持。竞技体育项目的普及程度和其在世界范围内的受欢迎度是决定此项目能否被选入奥运会赛事的关键标准之一，普及程度越高、推广范围越广的项目在竞技体育领域才越受重视。例如，韩国曾在世界范围内创办跆拳道馆，开办面向各国跆拳道爱好者的免费课程，此举极大地推广了韩国跆拳道这项运动，提高了韩国跆拳道的影响力，最终促使韩国跆拳道被选入了奥运会赛事。我国在争取竞技体育话语权时应遵循如下原则：其一，要积极推广本国特色和优势的竞技体育项目，并在此项目成为奥运赛事新项目后，取得该项目的优势话语权；其二，要积极争取本国强项体育项目的话语权。

三、提高在竞技体育组织中的公信力

（一）尽责服务国际竞技体育组织的利益

我国体育界人士进入国际竞技体育组织的途径一般有两条：其一，通过个人在竞技体育界的卓越表现被选拔进入；其二，由国家推荐进入。无论是通过哪种途径进入国际竞技体育组织，我国体育界人士都应秉持公平公正的态度，尽职尽责地服务于国际竞技体育组织，如此才能在国际竞技体育组织中赢得认同和赞赏，提高公信力。例如，吕圣荣最初是通过国家的鼎力推荐进入国际羽联，国家的公信力是他最初在国际羽联取得信任的基础，后来他通过自身出色的沟通能力和尽职尽责的工作态度，获取了更广泛的信任，得到国际羽毛球界的拥护，成为了担任国际羽联主席最久的人。吕圣荣在国际羽联任职期间积极推广和普及羽毛球运动，取得了我国奥委会团结基金的资助；还在世界范围内援助羽毛球发展落后的国家或地区，显著提高了世界范围内羽毛球的普及程度和受欢迎程度，他也由此在国际羽毛球界获得了极大的公信力。

（二）公正处理组织和国家间的利益关系

我国人员在进入国际竞技体育组织后要秉持公正严明的态度，公正地处理组织内部事务，合理地维护国家利益。例如，我国的魏纪中先生曾经在国际排球联合会担任联合会的主席，他上任时就说，要公正地处理各国间的利益，不会出现偏袒中国的行为。魏纪中在谈到维护国家利益时认为："一国的公民在进入国际竞技体育组织之后，有时候会希望通过自己的影响力而使组织做出有利于本国的决定，但是一个国际竞技体育组织中的成员应该秉持公正的态度，不能违背国际竞技体育组织促对公平的愿望，不能损害其他国家的利益。"又如，我国的黄力平先生在进入国际体操联合会担任技术委员时曾说："中国人加入世界体育竞技组织对中国来说有着不言而喻的好处，但并不意味着国际竞技体育组织中的中国人要包庇和偏袒本国运动员，促使组织做出有利于本国的决定；而是应作为本国的代表监督和维护国际竞技体育组织的公平环境。"我国代表加入国际竞技体育组织后恪尽职守、公正严明地维护组织的规章制度和利益，有助于增强他们在国际体育界的公信力，进而增强我国在国际体育界的话语权。我国在国际竞技体育组织的代表在遇见国家利益和组织原则的冲突时，选择了维护组织的原则，并非

对国家的背叛，而是秉持了公平公正的竞技精神。我国在国际竞技体育组织的代表人士只有努力树立自身的公信力，才能为我国后续加入国际竞技体育组织的人员奠定良好的信誉基础，让国际竞技体育组织中有更多的中国人，从而增强国家在竞技体育领域的话语权。

四、向国际组织针对性输送所需人才

具有较强综合能力的复合型人才是国际竞技体育组织亟须的，这类人才往往具备某一方面的卓越能力，在其他方面也要具有较好的能力。例如，国外有些优秀的运动员在专长于某一项运动之余，还攻读了政治类、法律类、教育类或管理类的学位，以使得自身具备从事相关职业的能力，他们在退役之后有的成为管理人员，有的成为律师，有的成为教师。复合型人才进入国际竞技体育组织具有明显的优势：其一，复合型人才熟悉竞技体育，有着丰富的竞技体育竞赛经验，属于专业型人才；其二，复合型人才具备经济、管理等相关知识背景，更有利于参与国际竞技体育组织的具体事宜。因此，我国应当加强培养体育界的复合型人才，大力为国际竞技体育组织输入人才。

（一）以优秀运动员为培养对象

近年来，国际竞技体育组织吸纳的优秀运动员占吸纳人才的比例不断提升。因为优秀运动员具有其他类型人才所没有的优势，即他们在某项竞技运动中的知名度和影响力不够。优秀运动员可以通过自学和国家培养来提升语言和管理能力，但是其他类型人才却无法复制优秀运动员的名望和专业水平。我目前向国际竞技体育组织输送的人才中，优秀运动员占比相对较少，因为我国运动员有语言上的困难，如果要深处国际社会则存在着较大的交流障碍。因此，我国应当加强对优秀运动员再学习的支持力度，帮助他们赴外留学深造，强化自身综合能力。

（二）针对性输送组织需要人才

一般来说，国际竞技体育组织的内部机构组成主要包含了代表大会、领导机构、委员会、行政机构等，国际竞技体育组织中不同的机构所需的人才不同，人才引进的方式也不一样。例如，代表大会的成员主要来自世界各国，由政府推荐输入，或是相关组织推举的在竞技体育界具有一定影响力的人物，代表大会的人员遴选要注重代表性。国际竞技体育组织中的领导机构和委员会则通过代表大会商榷、选举而出，这类机构需要具备较强管理能力和交际能力的人才，我国可以针对性输送相关人才。国际竞技体育组织中的行政机构需要的人才数量最多，他们主要负责处理组织内部的日常管理工作，所需人才的类别也多样。例如，具备经济学、管理学、法学背景的人才等。国际竞技体育组织中的代表大会、领导机构、委员会对引进人才的影响力有一定的要求，并且推行平权，因此我国能够输入的人才有限，我国可以把向代表大会、领导机构、委员会输入行政管理人才作为人才输送的重要途径，让他们在国际竞技体育组织中获得锻炼和提升。

五、增强我国竞技体育项目的综合实力

归根结底，我国要提升在国际竞技体育领域的话语权，根本上要不断发展综合国力，以雄厚的综合国力为基础；要不断促进体育事业的发展，以繁荣昌盛的体育实力为基础；要不断提升国民体育素质与运动员的体育能力。要增强我国竞技体育综合实力就需要遵循以下方面：其一，我国竞技体育的发展要坚持全民协调可持续发展的原则，即不断巩固传统竞技体育项目和优势竞技体育项目，扩大已有的优势，然后推进潜在竞技体育项目和落后竞技体育项目的发展，以追平差距；其二，坚持将球类竞技体育项目作为发展的重点，振兴球类竞技体育项目，突破我国在集体球类竞技体育项目中的瓶颈，提升我国在竞技体育大项目上的实力；其三，我国在竞技体育发展中要坚持全民提升战略，目前我国竞技体育的发展具有数量上的优势和规模上的优势，未来要提高我国竞技体育发展的质量效能，让竞技体育成为我国展示民族精神和国家形象的一个平台，掌握竞技体育领域的国家话语权。

六、创造良好的舆论环境

（一）发展文化软实力

体育实力既是我国综合国力的组成部分，也是我国文化软实力的重要象征，此外，体育也可以作为一种特殊的外交手段，促进我国对外的交流合作。因此，我国应当提升对体育事业，尤其是竞技体育事业的重视程度，从公共外交领域视野加以考量。中华人民共和国成立之后，我国由一穷二白、积贫积弱的落后国，经过坚持不懈的发展成为了国际社会中具有重要战略性力量和一定话语权的

强国。我国在对外交往和参与国际事务时不断地扩大着自身的影响力，拥有着更多的话语权，但是始终要明确的就是，我国不断发展壮大的硬实力和文化软实力才是我国获得更多话语权的根本保障。当今社会，国与国之间的文化软实力的竞争愈演愈烈，相比于中华人民共和国建立后我国在经济发展、科技发展、国防发展等方面取得的硬实力而言，我国对外的文化输出、文体建设等文化软实力还较弱，不能与硬实力的发展相匹配，因此我国要大力发展文化软实力。体育属于文化软实力的重要组成部分，我国要通过建设体育强国，扩大在世界竞技体育界的话语权来推广我国的文化，增强文化软实力。竞技体育的发展不仅事关我国文化软实力的提升，还可以成为我国外交策略的组成部分，这一点我国早有先例。例如，我国想通过体育外交逐步打开中美建交之路。随着我国多年坚持不懈的发展，我国在世界体育界中的影响力越来越大，而将体育融入外交是增强我国竞技体育话语权的有效途径。

（二）抵制霸权主义行为

总的来看，我国在中华人民共和国成立之后，竞技体育领域的发展迅猛且取得了瞩目的成就，我国无可争议已经跻身世界体育强国的行业。虽然我国不少优势竞技体育项目已经达到了世界领先的水平，部分潜力竞技体育项目也在世界竞技体育领域占据一席之地。但是综观现在世界竞技体育领域的形势，不得不承认，少数西方国家把持竞技体育领域的"霸权"对发展中国家十分不利，因此我国应抵制西方国家的"霸权"策略，促进公平、正义的国际体育秩序的建立，构建公平的国际竞技体育体系。

（三）重视对外交流

新时代，面临复杂多变的国际政治和体育局势，我国要始终遵循习近平主席提出的重要指导思想，高度重视对外交流，推动体育走向国际、走向世界，积极参与国际体育事务，不断扩大中国在国际上和世界体育界的影响力。

1. 贯彻体育外交新思想

新时期，我国外交也进入了新的阶段，我国要将体育纳入外交之中，以发展我国的体育事业，发扬我国的体育文化和开展体育活动来为外交助力。体育可以成为新时期我国外交的"新鲜血液"，我国要以体育为工具，贯彻落实新外交思想，开创新时期我国对外交往的新局面。新时期习近平总书记提出的体育思想可以成为我国体育事业发展与体育外交发展的根本守则和行动指南，习近平总书记指出，我国要努力建设体育强国，对外展示中国体育强国的新形象，开拓进取，赢得新时期我国在体育领域话语权的新局面。

2.加深体育外交新合作

当前，北京冬奥会的举办是我国加强对外体育合作的新的契机，我国可以借此机会深化与国际奥委会之间的合作关系，加强与世界上其他体育强国和地区之间的密切联系，努力补足我国体育方面的短板，提高我国冰雪运动的水平和能力。此外，我国要继续积极开展对外体育合作，积极参与国际体育组织举办的各类赛事，在国际体育界中增强影响力，进一步提升话语权。

3.提升体育外交竞争力

新时期，世界局势面临着百年未有之变局，世界体育发展也到了新的历史关头，我国要以习近平总书记的体育思想为旗帜，不断地提升我国体育外交的竞争力，用体育实力为中国发声，掌握体育话语权，强化民族信心与自豪感。新时期要提升我国的体育外交竞争力，就需要深度统筹体育资源，加强资源整合，合理利用现有资源，开展多样多元的体育外交活动，推进我国与世界体育强国之间的互动交流，促进双边共赢，提升中国体育在世界上的影响力。

参考文献

[1] 白宇飞，高鹏，范松梅，等.中国体育发展报告（2020—2021）[M].北京：社会科学文献出版社，2021.

[2] 池建.竞技体育发展之路——走进美国[M].北京：人民体育出版社，2009.

[3] 邓万金.中国竞技体育核心竞争力动态链管理体系研究[M].广州：中山大学出版社，2017.

[4] 辜德宏.我国竞技体育发展方式转变研究：基于政府作用的视角[M].苏州：苏州大学出版社，2017.

[5] 韩鲁安.基于循环经济理论创新竞技体育发展方式的研究[M].北京：经济日报出版社，2017.

[6] 韩坤.中国竞技体育崛起研究[M].杭州：浙江大学出版社，2011.

[7] 黄荔生.竞技体育论[M].沈阳：辽宁大学出版社，2008.

[8] 黄劼偲.运动训练与竞技体育理论探讨[J].体育风尚，2021（2）：74-75.

[9] 李静波.当代中国竞技体育举国体制历史沿革研究[M].北京：当代中国出版社，2020.

[10] 廖莉.国际竞技体育话语权研究[M].长沙：中南大学出版社，2021.

[11] 刘君雯.竞技体育与科技前沿[M].北京：中国书籍出版社，2013.

[12] 刘铮，吴昊，魏彪，等.竞技体育[M].北京：人民体育出版社，2006.

[13] 刘波，李永宪.竞技体育发展之路：走进德国[M].北京：北京体育大学出版社，2014.

[14] 曲国洋.日本竞技体育体制研究[M].济南：山东大学出版社，2015.

[15] 任晋军，王肖天.普通高校竞技体育品牌建设研究［M］.上海：上海交通大学出版社，2020.

[16] 宋全征.中国竞技体育人才开发［M］.北京：北京体育大学出版社，2004.

[17] 孙圣洋，马俊龙，梁青.中外竞技体育发展史的比较研究［J］.文体用品与科技，2021（21）:8-9.

[18] 孙帅.竞技体育人才培养模式［J］.动漫先锋，2021（10）：71-72.

[19] 吴贻刚，辜德宏，浦义俊.中外竞技体育发展方式及政府职能研究：管理体制、政策与投资［M］.上海：上海人民出版社，2021.

[20] 王欣.我国竞技体育后备人才培养及退役运动员安置问题研究［M］.北京：中国书籍出版社，2021.

[21] 熊晓正，夏思永，唐炎.我国竞技体育发展模式的研究［M］.北京：人民体育出版社，2008.

[22] 许敏雄.竞技体育强国之路［M］.北京：光明日报出版社，2012.

[23] 徐伟宏.中国竞技体育发展模式的历史演进与路径创新［M］.北京：北京体育大学出版社，2012.

[24] 阳艺武.竞技体育后备人才培养可持续发展运行机制研究［M］.武汉：武汉大学出版社，2018.

[25] 颜天民.竞技体育的意义［M］.北京：北京体育大学出版社，2003.

[26] 于文谦.竞技体育学［M］.北京：人民体育出版社，2010.

[27] 于洪军，陈攀攀.西方国家体育政策：理论方法趋向［M］.北京：清华大学出版社，2021.

[28] 余银.我国竞技体育战略转型与走向［M］.武汉：湖北人民出版社，2017.

[29] 张莉.普通高等学校竞技体育发展与实践［M］.北京：北京艺术与科学电子出版社，2011.

[30] 张志华.我国高校竞技体育人才培养的理论与实践研究［M］.北京：化学工业出版社，2015.